Theodor Storm und
sein Leben in der Musik

Heiner Mückenberger

Theodor Storm und sein Leben in der Musik

Bibliografische Information der Deutschen Nationalbibliothek
Die Deutsche Nationalbibliothek verzeichnet diese Publikation
in der Deutschen Nationalbibliografie; detaillierte bibliografische
Daten sind im Internet über http://dnb.d-nb.de abrufbar.

ISBN 978-3-631-72669-3 (Print)
E-ISBN 978-3-631-72787-4 (E-PDF)
E-ISBN 978-3-631-72788-1 (EPUB)
E-ISBN 978-3-631-72789-8 (MOBI)
DOI 10.3726/b11822

© Peter Lang GmbH
Internationaler Verlag der Wissenschaften
Frankfurt am Main 2017
Alle Rechte vorbehalten.
Peter Lang Edition ist ein Imprint der Peter Lang GmbH.

Peter Lang – Frankfurt am Main · Bern · Bruxelles ·
New York · Oxford · Warszawa · Wien

Das Werk einschließlich aller seiner Teile ist urheberrechtlich
geschützt. Jede Verwertung außerhalb der engen Grenzen des
Urheberrechtsgesetzes ist ohne Zustimmung des Verlages
unzulässig und strafbar. Das gilt insbesondere für
Vervielfältigungen, Übersetzungen, Mikroverfilmungen und die
Einspeicherung und Verarbeitung in elektronischen Systemen.

Diese Publikation wurde begutachtet.

www.peterlang.com

Abstracts

Der Autor ergründet die ausgeprägte Begeisterung des Poeten Theodor Storm auch für das Feld der Musik. Dadurch leuchtet eine bedeutende Facette der Persönlichkeit dieses Dichters auf, die neben der bis heute regen geistigen Auseinandersetzung mit seinem Werk kaum Beachtung gefunden hat. Diese Untersuchung rekapituliert durch die Auswertung von Briefmaterial, Selbstzeugnissen und Äußerungen von Zeitgenossen, wie Theodor Storm gemischte Chöre gründete und leitete und ebendort selbst mit den anspruchsvollsten Gesangssoli hervortrat. Wesentlicher Antrieb war es für ihn, dass er eine viel bewunderte und ausdrucksstarke Tenorstimme besaß, die er innerhalb von Chorauftritten zur Geltung zu bringen wusste. Die Chorleitertätigkeit verlangte es dabei, dass er stets einen Überblick über die zeitgenössischen Angebote an Chormusik besaß; an Storms Schaffen wird so zugleich ein Panorama des Musikschaffens im neunzehnten Jahrhundert mit Gluck, Mendelssohn, Schumann und Anderen ablesbar. *En passant* stellt dieses Buch aber auch die gesamte bewegte Lebensgeschichte des Dichters dar – über Schule, Studium, Juristenberuf, Familie, Exil, Heimkehr bis Alter und Tod.

Abstracts

The author delves deeper into poet Theodor Storm's marked enthusiasm for music. In doing so, the spotlight is trained on a key facet of this poet's personality that has been virtually neglected alongside the – to this day still – animated intellectual discourse on his work. Through analysis of written correspondence, self-assessments and statements by contemporaries, this study recapitulates how Theodor Storm founded and directed mixed choirs and, with them, performed the most challenging solo parts himself. One of his main driving forces was his widely admired and expressive tenor voice, which he put to good use during choral performances. In his capacity as choirmaster, he needed to be constantly *au fait* with the contemporary choir music on offer; as such, Storm's work constitutes a panorama of the music written in the nineteenth century by composers such as Gluck, Mendelssohn, Schumann and others. *En passant*, however, this book also maps the entire moving life story of the poet – from school and college to working as a lawyer, from family to exile and return home, right up to old age and his ultimate death.

Inhaltsverzeichnis

Auftakt 11

Jugendzeit 15

Storms Tenor 25

Storms erster Husumer Chor (1843–1847) 37

Zu Heiligenstadt (1856–1864) 61

Zweiter Husumer Chor (1864–1880) 71

Notenbeschaffung 83

Unstimmigkeiten 89

Storms bevorzugte Komponisten 95

Hademarschen und Ausklang 117

Literaturverzeichnis 125

Auftakt

„Als ich zuletzt den vollen prächtigen Chor von über 50 Sängern, den ich gestiftet, dirigierte, als so aller Blicke an meinem Stäbchen hingen und die Tonwellen nun zum letzten Mal aus begeisterter Menschenbrust brausend hervor strömten, da musste ich mein Herz in beide Hände fassen, um nicht in Tränen auszubrechen. Auch ich sang noch aus meinem bewegten Herzen und mit mächtiger Stimme ‚Du wirst ja dran denken, denn meine Seele sagte es mir‘", so schrieb Theodor Storm seinen Eltern, und mit Genugtuung fügte er an: „So, nachdem eben der volle Chor ausgebraust, zu singen und so gehört zu werden, ist eins der glücklichsten Momente des Menschenlebens".[1] Das war am 10. März 1864. Das Konzert fand im Rathaussaal von Heiligenstadt statt. Theodor Storm gab dort seinen Abschied mit dem Oratorium ‚*Die Zerstörung von Jerusalem*‘ von Ferdinand Hiller. Er war im Begriff, sein Kreisrichteramt in Heiligenstadt aufzugeben. Denn in der geliebten und über so lange Jahre schmerzlich entbehrten norddeutschen Heimat in Husum, da wartete auf ihn das Amt des Landvogtes.

Von Theodor Storm zu sprechen, gibt es viele gute Gründe. Er ist mit seinen zahlreichen Novellen und noch mehr mit seiner einfühlsamen Lyrik ein deutscher Dichter von bleibendem Rang. Bis in die Gegenwart hinein beschäftigen sich in- und ausländische Germanisten mit der Ausdeutung seiner Novellen und Gedichte; im Umfeld der überaus regen Theodor-Storm-Gesellschaft in Husum entstehen kommentierte Briefausgaben und vielfältige Schriften zu seinen literarischen Grundpositionen. Zwei das Dichter-

---

1   Briefe in die Heimat S. 218.

dasein Theodor Storms existentiell prägende Umstände – der eine ihm hinderlich, der andere ihn eher beflügelnd – sind dagegen kaum der näheren Betrachtung für wert befunden worden. Gemeint sind sein Juristenberuf auf der einen und seine begeisterte Hingabe an die Musik auf der anderen Seite. Bekanntlich war Storm Advokat in Husum, Gerichtsassessor im preußischen Potsdam, Kreisrichter im thüringischen Heiligenstadt und wiederum in Husum Landvogt und dort zuletzt bis zu seiner Pensionierung Amtsgerichtsrat. Er stand damit in einem anspruchsvollen und von überaus belastenden Wechseln geprägten bürgerlichen Beruf, mit dem er zeitlebens haderte.[2] „Nicht wegzuleugnen ist, dass diese mir fremde Beschäftigung doch mein ganzes Leben verdirbt"[3], oder: „Es kann mich doch mitunter so etwas wie Mitleid mit mir selber anwandeln, dass ich meine besten Kräfte an Etwas hingeben muss, was tausend Andere auch statt meiner tun könnten, und dass für meine individuelle Lebensaufgabe, die nur ich erfüllen kann, mir fast keine Zeit übrig bleibt und keine Stille und Gemütsruhe"[4] – so, zuweilen aber auch weit drastischer, klingen seine brieflichen Klagen über den Juristenberuf. Andererseits hat aber auch kaum Beachtung gefunden, dass Theodor Storm ein Freund der Musik mit bemerkenswertem Können, Wissen und erstaunlicher Aktivität war. Hier zeigt sich eine weitere bedeutsame Facette von Storms vielseitigem, seinem fast überlebendigem Geisteslebens. Alle seine Äußerungen zur Musik hören sich geradezu euphorisch an. Manche meinen sogar, Storms feinsinnige Lyrik sei geradezu von seiner Musikalität geprägt.[5] Sein musikalisches Wirken

---

2   Dazu näher Mückenberger, Dichter und Richter, S. 3 ff.
3   Briefe in die Heimat S. 102
4   Briefe in die Heimat S. 166
5   So etwa Tanaka, a. a. O., S. 58

überstieg deutlich die damals durchaus verbreitete Hausmusik. Wenn man sich die von Storm existierenden Portraits vor Augen hält, die durchweg einen strengen, beinahe abweisenden Ausdruck tragen, so findet man dort allerdings nichts von der Gelöstheit, wie sie so typisch ist für einen freundlichen Umgang mit Musik. Theodor Storm aber hat seinen Enthusiasmus für die Musik oft betont: „Die Musik ist mein treuester Begleiter im Leben".[6] In seiner Novelle „Ein stiller Musikant" beschreibt er die Musik als „eine Kunst, die alles Erdenleid in Wohllaut löst". Storms bemerkenswerte Beziehung zur Musik soll hier daher näher betrachtet werden.

Eine erste grundlegende Befassung mit dieser Thematik findet sich in einer Dissertation mit dem Titel „Die Musik in Theodor Storms Leben", die Robert Wendt 1914 vorgelegt hat; darin leuchtet der Autor entlang der Biografie Storms und gestützt – wie übrigens nahezu alle sonstigen Arbeiten zu Storm auch – im Wesentlichen auf die überreichen brieflichen Selbstzeugnisse Storms dessen musikalisches Engagement aus. Reiche und farbige Informationen bietet auch „Theodor Storm und sein Chor. Eine Chronik", 1993 herausgegeben von dem bis heute existierenden Theodor-Storm-Chor in Husum mit Unterstützung der Theodor-Storm-Gesellschaft Husum; darin finden sich neben Begleitinformationen und Abbildungen die Auftritte des Chores von der Gründung durch Storm im Frühjahr 1843 bis zu Storms letztem Dirigat im Januar 1888 aufgezeichnet, häufig nebst den jeweiligen Konzertprogrammen. Wichtige kleinere Beiträge haben die jährlich erscheinenden Schriften der Theodor-Storm-Gesellschaft veröffentlicht, so von Hermann Fey „Theodor

---

[6] Sein so formuliertes Bekenntnis findet sich etwa im Brief an den Vater vom 06.04.1860 (Briefe in die Heimat S. 143; ebenso Brief an Pietsch vom 31.10.1865.

Storm und sein Landsmann Carl Reinecke" (Schrift 5, 1956) und „Theodor Storm als Komponist" (Schrift 6, 1957) oder von Hans Jürgen Sievers „Zur Geschichte von Theodor Storms ‚Singverein', Eine Chronik" (Schriften 18, 1969). Es existieren auch eine ganze Reihe kurzer Zeitschriften-Artikel zum Thema, die jedoch kaum neue Erkenntnisse enthalten. Danach gibt es einen beachtlichen Wissenstand, der die Musikliebe als einen prägenden Persönlichkeitsanteil bei Theodor Storm ausweist. Dennoch ist dieser Wesenszug im Gegensatz zu seinem dichterischen Werk in den biografischen Arbeiten über Storm bislang nirgends zentral worden. Das weit überwiegende Interesse an dem Dichter Storm hat den Musiker Storm nicht zur Geltung kommen lassen. Bei Peter Goldammer etwa, der „grauen Eminenz der Storm-Forschung", der 1990 seine wegweisende und breit angelegte Biografie „Theodor Storm. Eine Einführung in Leben und Werk" vorlegte, ist auf Seite 30 nur erwähnt, dass Storm dem von ihm in Husum gegründeten Gesangverein besondere Aufmerksamkeit und Liebe schenkte; eine weitere beiläufige Passage gilt Storms Chor in Heiligenstadt (Seite 93); mehr aber findet sich zu Storms ausgeprägter Musikliebe bei Goldammer nicht. In Hartmut Vinçons Storm-Biografie findet sich zum Thema Musik bis auf ein Briefzitat Storms über seinen Heiligenstädter Chor (Seite 77) überhaupt nichts. Und selbst Karl Ernst Laage, der renommierteste Storm-Kenner und langjährige Präsident der Theodor-Storm-Gesellschaft in Husum, verschließt den Blick vor der besonderen Musikalität Storms: „Um dem von ihm empfundenen Drang nach künstlerischer Betätigung ein Betätigungsfeld zu öffnen, gründete der junge Rechtsanwalt im Frühjahr 1843 einen ‚Singverein'", so heißt es nüchtern in Laages Biografie „Theodor Storm. Leben und Werk", Husum 6. Auflage (Seite19), und ein weiterer kurzer Absatz findet sich dann erst zu Storms Heiligenstädter Chor (Seite 41).

Jugendzeit

Dass Theodor Storm zur Musik fand, war nicht vorgezeichnet. Während sonst zur damaligen Zeit in bürgerlichen Kreisen die Hausmusik außerordentlich verbreitet und gute musikalische Ausbildung vielerorts anzutreffen war, spielte in der Familie Storm Musik keine große Rolle. Der arbeitsame Vater Casimir Storm kam kaum aus seinem Advokatenkontor heraus; er sorgte für einen beachtlichen Wohlstand der Familie, aber er hielt von den poetischen Interessen seines Sohnes schon nicht viel und Musik gar war ihm nur „dumm Tüch".[7] Von der Mutter gingen genauso wenige Anregungen aus; für die Behauptung Dobels[8], Storm habe die Liebe zur Musik von seiner Mutter geerbt, er hätte sie mit ihrem schönen Sopran alte Kinder- und Volkslieder singen hören, gibt es keinerlei Beleg. Anders als der Vater mag Storms Mutter immerhin für dessen musikalische Vorhaben aufgeschlossener gewesen sein, denn während Storms Briefe nach Hause sich zumeist an den Vater richteten, wandte er sich an die Mutter, wenn er von musikalischen Plänen berichtete. Auch sonst aber gab es im damaligen Husum nichts, was zur Musik hätte hinführen können. Die Schule bot keinen Musikunterricht. Sonstige Begegnungen mit Musik konnte der Junge kaum haben. Denn Grammophon- oder Radiomusik gab es damals noch gar nicht; das erste Grammophon kam erst 1894, erste Radiosendungen gab es erst um 1910. Konzerterlebnisse waren vielleicht im nahen Hamburg, aber kaum in dem damals recht verschlafenen Städtchen Husum denkbar. Es mag sein, dass dann und wann Musiker auch durch

---

7 Wendt, S. 5/6.
8 Dobel, S. 906.

Husum zogen und dort konzertierten, doch hat Storm dafür keinerlei Hinweise hinterlassen und daher offenbar keine prägenden Erlebnisse gehabt. Empfänglich wäre er durchaus gewesen, denn sogar die schlichte Musik der jährlichen Pfingstorgeln hinterließen Spuren in ihm: „Dienstag fängt der Pfingstjahrmarkt an, und die alten Drehorgeln kommen wieder ins Land; so verstimmt sie meistens sind, ich hab eine Vorliebe für diese Dinger; sie leyern mir immer meine ganze Kinderzeit vor die Seele, meine schöne Kinderzeit voll reicher phantastischer Zukunft; vorzüglich Abends spielte eine den schönen Choral ‚Nun danket alle Gott'; ich erinnere es noch so wohl, wie der Orgeldrehermann langsam in der Sommerdämmerung durch die Straßen schritt und wir Kinder immer hinterher; da klang mir das schöne Kirchenlied so erbaulich, dass mir oft die Thränen in die Augen quellten und ich nach dem verjubelten Tag ganz ernst und still nach Hause kam", so schrieb Storm seiner Braut zu Pfingsten 1844.[9] Immerhin aber gab es im Elternhaus in der Hohlen Gasse ein Musikzimmer und ein Klavier[10] und sowohl Theodor als auch seine jüngere Schwester Helene hatten Klavierunterricht bei dem damaligen Husumer Organisten Philipp Caspar Windt.[11] Aus dem Umstand, dass Storm diesen Musiklehrer nirgends erwähnt, zieht Fey[12] wohl mit Recht den Schluss, dass „sich der Unterricht auf das Erlernen der elementaren Technik beschränkte und den Knaben seelisch unberührt gelassen hat". Näheres ist dazu nicht mehr zu ermitteln. Immerhin muss Storm recht gründlich ausgebildet worden sein, denn seine spätere musi-

---

9 St./Constanze Esmarch, Bd. I, S. 92 f.
10 Gertrud Storm, Bd. I, S. 162.
11 Fey I bezieht sich auf eine mündliche Mitteilung von Storms Sohn Ernst.
12 Fey I, S. 43.

kalische Betätigung zeigt, dass er Klaviernoten ohne größere Mühe abspielen, vom Blatt singen und durchaus auch Partituren erfassen konnte. Beethovens f-Moll-Sonate habe er „recht brav" gespielt, berichtete er einmal den Eltern.[13] Und Schwester Helene war über lange Zeit die versierte Pianistin, die Storms Chorarbeit begleitete. Für Theodor Storm wurde das Klavierspiel noch zu einer Leidenschaft. Aus Heiligenstadt etwa schrieb er 1858 seinem Vater: „[...] ich habe, wenn ich tagsüber in den Akten gesessen, nichts, wodurch ich mich erfrischen und anregen könnte; das Klavier, was mich fast durch mein ganzes Leben begleitet, ist aus unserem Haushalt verschwunden; ich kann mich nicht mehr daran setzen [...]".[14] Vater Storm, der auch sonst die Familie seines Sohnes Theodor großzügig mitfinanzierte, verstand sogleich und schickte das Geld für ein Klavier. „Für unser gutes solides Klavier sage ich Dir, lieber Vater, noch oft in meinem Herzen Dank. Es steht selten einen Tag ganz unberührt. Die Musik ist wieder, wie in früheren Zeiten, die Begleiterin meines Lebens", bedankte sich der Sohn.[15] Das von Storm mit der väterlichen Hilfe erworbene Ibach-Tafelklavier ist noch heute im Storm-Haus in Husum zu besichtigen. Theodor Storm war von klein auf mit einer weit über das Normale hinausgehenden, alles Leben umfassenden Sensibilität begabt – mit einer Empfänglichkeit, die sich keineswegs auf Sprache und Poesie beschränkte, sondern ihn auf besondere Weise eben auch für den Reiz der Musik öffnete.

„Wenn dem in die Haustür tretenden Besucher gleich aus dem Zimmer rechts Gesang und Spiel entgegen tönte, dann wusste er, Theodor ist wieder daheim", berichtete Gertrud

---

13 Briefe in die Heimat 04. Mai 1859.
14 Briefe in die Heimat 12.April 1858.
15 Briefe in die Heimat 06. April 1860.

Storm.[16] Im Herbst 1835, also mit 18 Jahren, war der Schüler Theodor Storm auf ein Gymnasium in Lübeck übergewechselt, auf das dortige Katharineum. Es geschah dies „nach dem Willen des Vaters"[17], der fand, dass sein Sohn auf der Gelehrtenschule daheim nicht mehr ausreichend gefördert werden könne und dass es dem Sohn guttun würde, zugleich weniger provinzielle Verhältnisse kennenzulernen. Damit hatte Vater Storm vollkommen recht: Tatsächlich war Lübeck, ganz anders als das provinzielle, von geistiger Enge beherrschte Husum, nicht nur eine blühende Handelsstadt, sondern bot auch ein gerade für Musik und Literatur lebhaft aufgeschlossenes Gemeinwesen. Theodor wurde nicht nur schulisch gefördert, er erfuhr in Lübeck zugleich prägende kulturelle, namentlich literarische, aber auch musikalische Anstöße. Am Katharineum wurde auch Musik unterrichtet und der gemeinschaftliche Gesang gepflegt. Bei freiwilliger Teilnahme gab es wöchentlich zwei Stunden Gesangsunterricht, verbunden mit theoretischen Vorträgen. Kurze Zeit hatte der vielseitige und engagierte Gottfried Herrmann dort Gesangsunterricht erteilt und auch einen Schulchor geleitet, der neben Mozart und Beethoven Oratorienmusik einstudierte[18]; Gottfried Herrmann war auch der städtische Musikdirektor Lübecks; fast das ganze Musikwesen Lübecks lag in seinen Händen.[19] In Storms Lübecker Zeit veranstaltete Herrmann eine große Zahl von Konzerten; u.a. kamen Händels „Samson", „Judas Makkabäus" sowie „Messias", Haydns „Schöpfung", Mendelssohns „Paulus" und Glucks

---

16 Gertrud Storm, I, S. 134 f.
17 Schütze, S. 47: siehe auch „Auf der Universität".
18 Laage, Chronik, S. 18.
19 Wendt, S. 11, unter Verweis auf Stiehl, Musikgeschichte der Stadt Lübeck, S. 48 ff.

„Iphigenie in Tauris" zur Aufführung. Fey, von dem alle diese Mitteilungen zusammengetragen worden sind, bemerkt mit Recht, Storm müsse bei solchen Konzerterlebnissen nachhaltig beeindruckt worden sein, „denn er zehrte sein ganzes Leben davon und brachte sie fast alle später in Husum und Heiligenstadt ganz oder teilweise zur Aufführung."[20] Als Leiter des Gesangvereins der Stadt führte Herrmann 1837 den „Paulus" sogar zweimal öffentlich auf.[21] Theodor Storms ausgeprägte Vorliebe für die Musik Mendelssohns dürfte dort seine Wurzeln haben, wie auch Mendelssohns „Paulus" in dem Programm seines später gegründeten Gesangvereins zeigte. Gerade mit Storms Eintritt in das Katharineum zu Michaelis 1835 hatte der Musiklehrer Karl Mosche dort den Musikunterricht übernommen. Mosche hatte Theologie und Musik studiert und hatte sich als Komponist von Liedern und Oratorien einen Namen gemacht.[22] Unter der Anleitung Mosches wird Storm bewusst geworden sein, dass ihm ein wohlklingender Tenor zu Gebote stand, und überdies wurden ihm die breiten Möglichkeiten eines Gesangvereins vertraut.

Da Storm in dieser Zeit viel Mühe und Zeit brauchte, um in der neuen anspruchsvollen Schule Fuß zu fassen, blieb für Musikalisches nur ein begrenzter Freiraum. Und außerhalb des Schulischen war es die Dichtung, in deren tieferes Verständnis Storm nun stürmisch und begierig vordrang. Die Anstöße dazu gingen von seinen neuen, seinen vornehmlich literarisch ausgerichteten Freunden Emanuel Geibel und Ferdinand Röse aus. Sie führten ihn auch in das Haus des dortigen Handelsherren und schwedischen Konsuls Nölting ein, wo die schönen Künste gepflegt, musiziert und gelesen

---

20 Fey, I., S, 43.
21 Wendt, S. 12.
22 Zu allem Fey, I., S. 41.

wurde. Frau Nölting spielte gut Klavier. Zwar standen die poetischen Arbeiten der jungen Dichter im Vordergrund, doch gab es auch immer wieder gesangliche Darbietungen. Storm mag sich hier der Zauberwirkung seiner Singstimme bewusst geworden sein. Und er mag in diesem kultivierten Umfeld den bleibenden Eindruck gewonnen haben, dass nicht nur die Poesie, sondern in ganz gleicher Weise die Musik Möglichkeiten bot, sich in verfeinertem Tun zu entfalten und sich dabei auszuzeichnen. Von da an jedenfalls gibt es deutliche Spuren der Stormschen Musikalität; von da an hat die Musik für Storm etwa den gleichen Rang wie seine dichterisch-literarischen Interessen. „Ich liebe den Gesang; es ist mir Lebensodem […]", so liest man von ihm.[23]

In Form von Gesangs- und Klavierimprovisationen gab es in diesem Kreise der Familie Nölting für Storm auch recht ausgefallene musikalische Erlebnisse: Emanuel Geibel mit seinem angenehmen Bariton etwa gab einem seiner Gedichte oder auch einem anderen Text improvisierend eine Melodie und sein Bruder Konrad Geibel, ein vorzüglicher Pianist, begleitete diese Improvisation am Klavier mit Geschmack und Einfühlung und ebenfalls mit spontaner Eingebung. „Zwerchfellerschütternde Wirkungen" erzielten die Brüder, wenn sie etwa die Anzeigen der lokalen Zeitung auf diese Weise vortrugen. Das wirkte bei Storm nach, und wir lernen ihn einmal von einer spaßig-gelösten Seite kennen, wenn er nämlich dem Sohn Hans am 28. Januar 1869 aus Husum schreibt: „Es war gestern sehr heiter, und zuletzt sang ich rezitativ Rezepte aus einem Kochbuch, und Adolf Möller begleitete ex tempore".[24]

---

23 St./Constance Esmarch, 21.07.1844.
24 Zu allem Vorstehenden: Fey, I, S. 40.

1837, nach dem Schulabschluss in Lübeck, zog Storm nach Kiel. Er schrieb sich an der dortigen Universität als Jurastudent ein. „Weshalb ich mich der Juristerei ergab? Es ist das Studium, das man ohne besondere Neigung studieren kann; auch war mein Vater ja Jurist [...]", so teilte er sich in späteren Jahren lakonisch, aber treffend dem Literaturprofessor Emil Kuh mit.[25] Er studierte in Kiel, einschließlich eines Studienjahres in Berlin, fünfeinhalb Jahre lang – viel zu lange zum Ärger seines Vaters und machte in dieser Zeit auch beträchtliche Schulden. Die Kieler Universität hatte eine bescheidene, örtlich beschränkte Bedeutung. Das damalige Kiel, wiewohl landschaftlich reizvoll gelegen, war doch eher beherrscht vom „Spießbürgertum einer Stadt des Butterlandes".[26] Storm zeigte sich auch vom kulturlosen Studentenleben dort enttäuscht. Die letzten Studienjahre in Kiel allerdings waren für ihn glücklich, anregend und fördernd. Er wurde in „die Clique" aufgenommen, der die Brüder Theodor und Tycho Mommsen und einige andere geistig aufgeschlossene Studenten angehörten. „Alle verschieden eigentümlich, mit allen ein beständiger, lebendiger Gedankenaustausch", so schwärmte Storm noch später.[27] Die Brüder Mommsen und Storm gaben gemeinsam den Gedichtband „Lieder dreier Freunde" heraus. Diese drei arbeiteten außerdem intensiv an der Sammlung nordischer Sagen. Neben dem Studium und neben diesen breit angelegten literarischen Vorhaben konnte die Musik allerdings nicht zur Geltung kommen. Kiel war, anders als Lübeck, keine Stadt, in der Musik eine große Rolle spielte. Wendt berichtet zwar von Männergesangvereinen und auch

---

25 Goldammer Briefe, II, S. 69.
26 Biernatzki, S. 39.
27 Goldammer Briefe, I, S. 77.

von in Kiel durchreisenden Konzertmusikern[28], aber dafür, dass Storm daran Teil hatte, findet sich keine Briefstelle und kein sonstiger Beleg.

Während der Kieler Studienjahre geriet Storm aber mit dem deutschen Volkslied in eine innige und nachhaltige Berührung. Mit dem Aufsuchen und Sammeln alter Sagen und Märchen, das er gemeinsam mit den Brüdern Theodor und Tycho Mommsen betrieb, fiel den Dreien auch allerhand Volksliedgut in die Hände. „Das innige deutsche Volkslied ergriff ihn mächtig, er kam nicht wieder von ihm los. Durch seine ganze Jugendnovellistik zieht es sich; er hatte sein Wesen erfasst und schrieb Gedichte im Volkston, die ihm meisterhaft gelangen", so liest man es bei Wendt.[29] In seiner Novelle Immensee" gibt es eine Szene[30], in der Reinhard – und durch ihn natürlich Storm! – auf die Frage Elisabeths, wer denn solche schönen Volkslieder gemacht habe, die Gelegenheit erhält, schwärmerisch zu bedeuten: „Sie werden gar nicht gemacht; sie wachsen, sie fallen aus der Luft, sie fliegen über Land wie Mariengarn, hierhin und dorthin, und werden an tausend Stellen zugleich gesungen. Unser eigenstes Tun und Leiden finden wir in diesen Liedern, es ist, als ob wir alle an ihnen mitgeholfen hätten. […] Das sind Urtöne, sie schlafen in Waldesgründen; Gott weiß, wer sie gefunden hat". Dieses Geheimnisvolle, Unergründliche, oft Knappe, Karge, aber auch Emotionen Evozierende des Volksliedtones, das eben rührte und berührte den Dichter Storm und formte seine Dichtung. Ganz ähnlich, sozusagen aus dem Nichts, so zumeist pflegen Lyrikern die ersten Zeilen eines neuen Gedichtes zuzufliegen.

---

28 Wendt, S. 15 ff.
29 Wendt, S. 73.
30 In dem Kapitel „Meine Mutter hat's gewollt".

In diesen frühen Jahren hatte sich Theodor Storm auch gelegentlich im Komponieren versucht. Auslöser war eine sonderbare, aber intensive Liebe. Weihnachten 1836 nämlich hatte der 19 Jahre alte Primaner Storm bei einem Besuch in Hamburg die damals erst zehn Jahre alte Bertha von Buchan kennengelernt. Er war ihr so verfallen, dass es in der Folgezeit Besuche, Briefe, Märchen, Gedichte und 1841 sogar einen Heiratsantrag des Jurastudenten gab, mit dem er bei dem Kind natürlich überhaupt nicht verstanden wurde und sich daraufhin verzweifelt zurückzog. Gertrud Storm, die über diese seltsame Verfallenheit ihres Vaters näher berichtete, merkte auch an: „Mitunter komponierte er auch ein kleines Lied für sie, das sie ihm vorsang, wenn er in den Ferien nach Hamburg kam".[31] Als Student in Berlin hatte Storm an einer Laienspielgruppe teilgenommen, war als „unverbesserlicher Liebhaber" und „erster Tenorist" aufgetreten und ein Lied, ‚Der Vater sagt', stammte, wie das Programm vermerkte, „vom Opernregisseur Herrn Storm".[32] Ein weiteres kleines Liedchen hatte Storm für seinen Schulfreund Ferdinand Röse komponiert, betitelt „Ein Lied, welches der Herr Magister Antonius Wanst sang, als er den letzten Brief Vetter Michels gelesen hatte"; Fey, der auch Noten und Text davon übermittelt, spricht von einem „wohlgelungenen Scherz eines jugendfrohen Musikliebhabers".[33] Eine vierstimmig gesetzte, „wohlgelungene, wogenschlagende Meermelodie" zu einem vom ihm erdichteten Text erdachte Storm als eine Art Auftragsarbeit zum Empfang des dänischen Königs in Husum im Jahre 1845; darüber, dass seine Sängerinnen die Auf-

---

31 Gertrud Storm, Bd. I, S. 148 ff., 152.
32 Zitiert nach Fey, II, S. 45, der auch anmerkt, diese „Jugendsünden" seien verschollen.
33 Vgl. Fey, II, S. 45 f.

führung dieses Werkes im entscheidenden Augenblick verpatzten, wird noch zu berichten sein. Schließlich führt Fey eine Liedkomposition an, betitelt „Das Jägermädchen", die Vertonung eines Gedichtausschnittes des pfälzischen Dichters Carl Christian Tenner – ein Geburtstagsgruß an seine Frau Constanze vom Mai 1854; Fey verzeichnet im Tonsatz dieses Liedes eine „merklich gewachsene Reife" des Musikers Storm.[34] Diese Kompositionen waren der Vollständigkeit halber aufzuführen; es sind Gelegenheitsarbeiten eines in vielen Richtungen sich erprobenden Geistes – mehr aber nicht.

---

34 Fey, II, S. 48; die Komposition findet sich auf S. 49.

Storms Tenor

Storm liebte es zu singen und er besaß auch tatsächlich einen schönen ausdrucksstarken Tenor. Man fragt sich, woher er die Kraft dazu nahm; denn er war zeitlebens von schwächlicher Konstitution und krankheitsanfällig[35] und Theodor Fontane etwa sprach in seinem dem Kollegen und Freund liebevoll gewidmeten Kapitel von dessen „kleiner, feiner" oder an anderer Stelle auch „vielleicht pimpriger" Stimme.[36] Auch nach Freund Wilhelm Jensen hat Storm immer mit „leiser, ein wenig verschleierter Stimme" gesprochen.[37] Gertrud Storm aber berichtete, dass er „mit seiner hellen, der feinsten Biegungen fähigen Tenorstimme" Lieder von Schubert und Mendelssohn sang.[38] In seinen Briefen sprach Storm oft über sein Musizieren: „Ich sang, von Mathilde Stuhr begleitet, die große Arie aus dem Barbier ‚Sono il factotum della citá' und die Ouverture zur Walpurgisnacht (Chormusik von Mendelssohn ‚Die erste Walpurgisnacht' op. 60)". Oder: „Ich habe heute nach Tisch mit Mathilde Stuhrs Begleitung so Requiem gesungen – ach, wie fern liegt schon die Zeit! – aus Paulus, Ständchen von Schubert und vorzüglich die Byronsche Romanze von Mendelssohn ‚Keine von der Erde Schönen waltet zaubernd gleich dir, auf der Fluth ein Silbertönen dünkt deine

---

35 Mückenberger, in: Storm-Blätter aus Heiligenstadt, 10. Jg, S. 30–51.
36 Fontane, S. 236 und 240. Auch Erich Schmidt, Bd. 1, S. 15, spricht in den „Erinnerungen an Theodor Storm" von dessen „sanfter Stimme" und „langsamer Sprache". Auch für die Zeit in Hademarschen wird von Storms „leiser", „seiner feinen, nicht sehr weit tragenden Stimme" berichtet (Stuhr S. 46).
37 Jensen S. 504.
38 Gertrud Storm, Bd. 1, S. 162.

Stimme mir!'".³⁹ Oder an seine Braut Constanze Esmarch, die er übrigens ständig bedrängte, ihre schöne Altstimme weiter zu entwickeln: „[...] saß heut Nachmittag bei der Zauberflöte am Fortepiano und versenkte mich immer tiefer in diese ‚wundersamen kristallenen' Melodien, vorzüglich in die Arie ‚Ach, ich fühl's, es ist verschwunden ewig hin der Liebe Glück'".⁴⁰ Oder: Er probierte mit seinem Freund, dem Arzt Dr. Kuhlmann, „ein Heft sehr schwieriger Lieder von Spohr⁴¹ mit Pianoforte und Clarinette; es ist das einzige was in dieser Weise existiert; Kuhlmann weiß sehr zart zum Gesang zu spielen; aber es hat mich noch mehr angegriffen".⁴² Oder: „Ich wühle mich jetzt ganz in Mendelssohnsche Musik ein, um nur nichts Andres zu hören; wird noch in meinen Jahren die Welt wieder so heiter, dass sie Gesang ertragen kann, dann soll es mir Früchte tragen; jetzt betrachte ich es als Arbeit".⁴³ Die Musik von Felix Mendelssohn-Bartholdy gefiel Storm besonders; Mendelssohn, der von 1809 bis 1847 lebte, also ein Zeitgenosse Storms war, hatte mit seinen Kompositionen bereits zu Lebzeiten große Beliebtheit erreicht. Dass die Werke Mendelssohns eine Fülle von Chormusik boten, war für den Chorleiter Storm von besonderem Reiz. Mendelssohns „Elias" zum Beispiel entfaltet eine dramatische Handlung und besticht durch eingängige Chöre – etwa das emphatische „Hebe deine Augen auf zu den Bergen". Mendelssohn hatte in dem Elias-Stoff die Möglichkeit zu „recht dicken, schweren und vollen Chören" gefunden, wie Mendelssohn einmal seinem Freund Karl Klingemann

---

39 St./Constanze Esmarch 10.09.45.
40 St./Constanze Esmarch 19.07.44.
41 Sechs deutsche Lieder mit Begleitung des Pianoforte und der Clarinette, op. 103 (1837) von Louis Spohr.
42 St./Constanze Esmarch 11.10.1845.
43 St./Constanze Esmarch 05.02.1851.

schrieb, sodass Storm diese Musik für seinen Chor sehr geeignet erschien. Einem Anderen, der sich vor seinem Komponistendasein als Lyriker verstanden hatte, folgte Storm mit seiner ganzen Lyrikerseele: Robert Schumann nämlich, der – zumeist auf seinem ureigensten Spezialgebiet, der Klaviermusik – in zugleich leidenschaftlichem und poetischem Gestaltungswillen Lust und Leid, Tag und Nacht, Natur und Mensch umfasst.[44] In diesen „Abgrund der Schumannschen Lieder" ist Storm am liebsten abgetaucht.[45]

Während seiner Lübecker Gymnasialzeit war der Primaner Storm gern gesehener Gast der Großkaufmannsfamilie Scherff in Hamburg. Ludwig Scherff, ein Verwandter von Storms Mutter, war zwar von Beruf Kaufmann, aber seine ganze Liebe galt der Musik. Ludwig Scherff hatte schon als Knabe begonnen, Gedichte zu vertonen. Er vertonte auch die vielen Strophen von „Die neuen Fiedellieder" des Schülers Storm und der sang sie mit Vergnügen und innerer Zustimmung.

Zurück zu Storms Stimme: Ein Freund, der Maler Ludwig Pietsch, war in den Jahren 1860 bis 1864 häufiger Gast des Kreisrichters Storm in Heiligenstadt. In seinen „Erinnerungen an Theodor Storm" hielt Pietsch später fest: „Goldene Stunden waren es, wenn ich zeichnend im Zimmer saß, er mir […] mit der helltönenden, aber zart verschleierten, jede poetische Stimmung zum wirkungsvollen Ausdruck bringenden Stimme vorlas. Goldene Stunden auch, wenn er mir Schumanns und Schuberts Lieder zum Klavier sang, oder den Gesang Frau Constanzes, deren volle, reiche Altstimme gut zu dem

---

44 Tschierpe, S. 293.
45 Schütze S. 98 f., der mit seiner Formulierung erkennbar einem Stormschen Sprachgebrauch folgt.

ganzen Gepräge ihrer Erscheinung und ihres Wesens passte, begleitete".[46]

Eine besonders nahe und vertraute Beziehung stiftete die Musik zwischen Theodor Storm und Clara von Goßler. In den Jahren 1853 bis 1856 nämlich war Storm preußischer Gerichtsassessor am Kreisgericht Potsdam und stand dort unter der Aufsicht und Leitung des Kreisgerichtsdirektors Dr. Carl Gustav von Goßler. Von Goßler war ein glänzender, ein vielseitig begabter Jurist; er hatte aber auch, wie überhaupt viele von Goßlers, ausgeprägte kulturelle Interessen und spielte gut sowohl Cello als auch Klavier. Durch von Goßler wurde Storm mit dessen Schwester Clara bekannt. Clara von Goßler war damals 27 Jahre alt. Sie war und blieb unverheiratet. Sie war eine vorzügliche und zugleich musiktheoretisch wohlausgebildete Pianistin. Von zurückhaltender Wesensart, übte sie ihre Musik nur im privaten Rahmen aus und liebte es zu komponieren. Sie und Storm fanden sich sowohl in der Poesie wie in der Musik. Sie schwärmte für Storms „Immensee" und für seinen „Hinzelmeier". Er fand ihre Lieder „tief und schön", und nannte sie „ein liebenswürdiges und gebildetes Frauenzimmer, dabei eine bedeutende Klavierspielerin".[47] Natürlich musizierten sie gemeinsam; Storm ließ nie eine Gelegenheit aus, seine Tenorstimme zur Geltung zu bringen, und hier hatte er eine glänzende Begleiterin. Zwischen ihm und Clara von Goßler entstanden eine enge Freundschaft und später auch ein lebhafter Briefwechsel.[48] Sie wurde die Patin der 1860 geborenen Storm-Tochter

---

46 Ludwig Pietsch, Theodor Storm, Persönliche Erinnerungen, Vossische Zeitung Nr. 322 vom 10. Juli 1888.
47 St./Esrnst Esmarch 21.11.1864.
48 Clara von Goßlers Briefe (5 Briefe aus der Zeit vom 6. März 1862 bis 18. November 1864 an Theodor Storm sowie ein Brief an Constanze Storm vom 21. August 1864) sind in der

Luzie. Storm war zu dieser Zeit Kreisrichter in Heiligenstadt und Clara von Goßler besuchte mehrfach die dort lebende befreundete Familie von Wussow und dann natürlich auch Storms. Dankbar schrieb er später nach Hause, dass „seine treffliche Freundin Clara Goßler"[49] seinen gewagten Schritt, das Richteramt in Heiligenstadt aufzugeben und in die Heimat zurückzukehren, unterstütze.

Clara von Goßler wurde nur 37 Jahre alt. Aus der Ahnung ihres frühen Todes heraus ließ sie noch zwei Liederhefte in Leipziger Verlagen drucken; eines davon, betitelt „Sechs Lieder für Mezzosopran mit Begleitung des Pianoforte componiert", enthält die gedruckte Widmung „Theodor Storm freundschaftlich zugeeignet". Clara von Goßler übersandte am 18. November 1864 diese zwei Liederhefte an Storm und schrieb dazu: „Nun endlich sind diese denn doch eben erschienen und wollen nun auch nicht mehr warten bei Ihnen, wo sie ja speziell hingehören, anzuklopfen. Möchten Sie das unter Ihren Namensschutz gestellte Heft doch liebgewinnen. Das ‚In düstrer Weise' bittet besonders, es nicht zu verbannen u. ihm bis tief auf den Grund zu blicken. Das ‚Käuzchen' dagegen möchte sich furchtsam verkriechen, denn es fürchtet, sich in seiner jetzigen veränderten (Franz zu Gefallen) Gestalt, nicht so freundlich angesehen zu werden wie dazumal als es noch eben frisch aus dem Wald kam. Das Geschwisterheft, meinen 2 Nichten dedicirt, sende ich auch mit zu Ihnen, weil die ‚Mondlichtnacht' dessen vielleicht werth ist. [...] [E]s ist wohl anzunehmen, dass ich in nicht zu langer Zeit den Weg zurückgelegt haben werde, den wir Alle wandern müssen. So nahe vor dem Ziel liegt das Leben recht traumhaft dahinten,

---

Schleswig-Holsteinischen Landesbibliothek unter der Signatur Cb 50.56:62 archiviert.
49 Briefe in die Heimat, 10.03.1864.

u. recht wunschlos sieht man jeden neuen Tag erscheinen. Nur der eine sehnliche, brennende Wunsch ist noch in mir: Eine möglichst leichte Todesstunde …".

„Von Clärche Goßler erhielt ich gestern 2 neue Hefte ihrer (sehr tiefen und schönen) Lieder, wovon das eine mir gewidmet ist; zugleich aber die Mitteilung, dass sie nun nichts mehr in der Welt noch hoffe als eine nicht zu schwere Todesstunde"[50], so berichtete Storm am 21.11.1864 seinem Schwiegervater.[51] Clara von Goßler starb am 19. Dezember 1864. Das Theodor Storm gewidmete Liederheft enthält die Titel „In düstre Weite", „O jubelvolle Frühlingslust", „Ach oftmals sah' ich Rosen blüh'n", „Ich armes Käuzlein", „Die Lieb ist wie ein Wiegenlied", sowie „Und fragst Du warum so trübe", also überwiegend ernste und melancholische Titel, von denen die letzten drei Texte von Storm stammen. Clara von Goßlers Kompositionen fanden übrigens recht positive Rezensionen, sowohl in der „Neue Berliner Musikzeitung" vom 3. Juni 1863 wie auch in der „Allgemeine musikalische Zeitung" vom 26. August 1863.[52]

Ein Kompliment der Opernsängerin Pauline Viardot bedeutete Theodor Storm besonders viel. Im Mai 1865 war Storms Frau Constanze im Wochenbett gestorben und Storms Welt hatte sich darüber verdüstert. „[…] eine Trösterin, wie sie eine Begleiterin meines Lebens war, ist mir die Musik […]", so schrieb Storm damals an seine Schwiegermutter Elsabe Esmarch.[53] Gertrud Storm berichtete auch davon, dass ihr Vater, vom Begräbnis seiner Frau zurückgekehrt, sich zu

---

50 St./Ernst Esmarch, 21.11.1864.
51 St./Ernst Esmarch, 21.11.1864.
52 Beide Zeitungsrezensionen bei Silke Wenzel, „Clara von Goßler" in MUGI, Musikvermittlung und Genderforschung: Lexikon und multimediale Präsentation, S. 2003 ff.
53 St./Ernst Esmarch 23.12.1865.

Hause an das Klavier gesetzt und stundenlang gespielt habe. „Die Musik wirkte tröstend und besänftigend auf sein verwundetes Gemüt".[54] Sein Freund Ludwig Pietsch aber lud ihn, um ihm Ablenkung zu schaffen, nach Baden-Baden ein und führte ihn dort mit seinem Schriftsteller-Kollegen Iwan Sergejewitsch Turgenjew zusammen. Turgenjew und Storm fanden schnell einen warmen Kontakt zueinander. Aber Turgenjew war in Baden-Baden auch eng mit den Viardots befreundet. Pauline Viardot, geborene Garcia, war in Paris eine gefeierte Opernsängerin gewesen. Schon 1838 hatte Robert Schumann die damals erst 16 Jahre alte Sängerin bei einem Konzert in Berlin gehört; bei ihrem Gesang seien „gleich in den ersten Minuten ihres Gesanges [...] die Tränen stromweise aus ihm heraus"[55] gebrochen, so seine emotionale Tagebuchnotiz. Pauline Garcia hatte sich allerdings nach ihrer Verheiratung mit dem Schriftsteller Louis Viardot ganz ins Private zurückgezogen. Zu der Villa Viardot in Baden-Baden aber gehörte ein Musiksaal, in dem rege musiziert wurde. Frau Viardot sang und spielte nicht nur Klavier, sondern komponierte auch. Bei einem abendlichen Treffen kam es dazu, dass Theodor Storm eine ihrer Kompositionen in die Hand bekam und absang, während Pauline Viardot ihn am Klavier begleitete. „Bravo, Herr Storm!"[56] habe ihn die Diva, freundlich nickend, gelobt, so berichtete er mit einigem Stolz am 11.9.1865 brieflich seiner Familie. Sein Auftreten zeigt, dass Storm keine Schwierigkeiten hatte, eine fremde Komposition vom Blatt zu singen; auch war er offenbar nicht befangen, sich in einem so hochprofessionellen Umfeld als Sänger zu zeigen.

---

54 Gertrud Storm, Bd. II, S. 112.
55 Zitiert nach Geck, S. 136.
56 Gertrud Storm, Bd II, S. 118 ff.

Theodor Storm wusste sehr wohl um die Wirkung seines Gesanges und scheint diese Wirkung genossen zu haben: „Seltsam; junge und alte, schöne und hässliche Weiber und Männer bezaubre ich durch meinen Gesang; ich bin wieder einmal im Besitz meiner Mittel; sie können gar nicht satt werden"[57], bemerkte er in einem Brief an Ernst Storm, und schrieb an seinen Freund Brinkmann: „Zwei Conzerte haben wir gegeben, das letzte fast lauter Opernsachen. Ich sang darin: ‚Zauberflöte' ‚Zu Hülfe, zu Hülfe' und ‚Dies Bildnis' (besser sang ich nie); dann den Max im Freischütz [...]".[58] Im Sommer 1859 traf Storm bei Urlaubstagen in Segeberg mit dem Vater seines Landsmannes Carl Reinecke, Johann Peter Rudolf Reinecke (1796–1883), zusammen, der ein bekannter Musiker, Komponist und überdies Dirigent am Leipziger Gewandhaus wurde. Er war Musiklehrer am Segeberger Lehreseminar und zudem Sänger und Musiktheoretiker.[59] Man musizierte gemeinsam. Darüber berichtete Storm seiner Frau Constanze in einem Brief vom 22.07.1859: „Eben habe ich meine lateinische Lection unterbrochen, um das Mendelssohnsche ‚An des lustgen Brunnens Rand' mit Lolo bei Reinecke zusammen zu singen. Könntest Du mich doch jetzt hören; schöner habe ich in meinem Leben nicht gesungen".[60] Bezeichnend ist auch eine Anekdote, die Gertrud Storm über einen Besuch Storms bei seinem plattdeutsch dichtenden Freund Klaus Groth in Kiel berichtete: „Sie musizierten zusammen, und Frau Groth begleitete Storm beim Gesang. Er erzählte später oft und mit erkennbarem Stolz, wie Groth einmal, während Storm sang, im Zimmer

---

57 St./Ernst Storm, Nr. 13.
58 St./Brinkmann, Nr. 38.
59 Vgl. Fey, II, S. 43.
60 St./Constanze Storm, S. 151.

auf und nieder gegangen sei und immer wieder ausgerufen habe: ‚Theodor, dat is ja as Öl, dat is ja as Öl!'".[61] Aber auch von Außenstehenden wurde seine Stimme als positiv wahrgenommen: „Storm selbst war natürlich die Seele des Ganzen. [...] In den Konzerten aber bildeten in der Regel die von ihm vorgetragenen Tenor-Soli, seine melodramatischen Deklamationen und Vorlesungen den Glanzpunkt"[62], hielt ein Chormitglied fest.

Storms Auffassung von Musik verlangte mit Nachdruck einen „beseligten Ausdruck", also eine innere Ergriffenheit beim Musizieren. Das rein virtuose Umsetzen von Noten zu Gesang oder Klavierspiel bedeutete ihm nichts. Er pflegte auch beim Vorlesen eigener oder fremder Texte jede Nuance des Textes gewissermaßen innerlich nachzuspüren. Dazu gibt es einen liebevoll-ironischen und zugleich plastischen Bericht seines Freundes Theodor Fontanes darüber, wie Storm einmal aus seinem Märchen *Bulemanns Haus* las: „[...] Dann schraubte er die Lampe, die schon einen für Halbdunkel sorgenden grünen Schirm hatte, ganz erheblich herunter, und nun erst fing er an. Er war ganz bei der Sache, sang es mehr, als dass er es las, und während seine Augen wie die eines Hexenmeisters leuchteten, verfolgten sie uns doch zugleich, um in jedem Augenblick das Maß und die Art der Wirkung bemessen zu können. Wir sollten von dem Halbgespenstigen gebannt, von dem Humoristischen erheitert, von dem Melodischen lächelnd eingewiegt werden – das alles wollte er auf unseren Gesichtern lesen, und ich glaube fast, dass ihm die Genugtuung auch zuteil wurde."[63] In ganz dieselbe Richtung, hier auf die Wirkung der Musik, zielt eine Passage aus Storms

---

61 Gertrud Storm, II, S. 140
62 Rohweder, S. 3.
63 Theodor Fontane, S. 244 f.

Novelle „Eine Halligfahrt". Aus hinterlassenen Aufzeichnungen des Vetters, eines einst berühmten Violinisten, wird dort zitiert: „Und meine Geige sang, oder eigentlich war es meine Seele. [...] Ich war eins mit dir, schöne jugendliche Göttin; hoch oben stand ich herrschend; ich fühlte, wie die Funken unter meinem Bogen sprühten; und lange, lange hielt ich sie alle in atemlosen Bann." Ersetzen wir doch getrost die Geige durch Storms Gesang, und wir haben ihn, seinen beseelten Vortrag, aber auch seine Vorstellung, seine Zuhörer damit in seine Gewalt zu bringen, sie zu beherrschen. Ergreifend und eindringlich wünschte sich Storm die musikalischen Darbietungen anderer. Dafür gibt es vielfaches Zeugnis. Seine Tochter Lisbeth kam, ganz anders als ihr Bruder Karl, mit der Technik des Klavierspieles leicht und rasch voran, aber im Ausdruck genügte sie dem Vater nicht, während der schwerfällige Sohn Karl das, was er spielte oder sang, „entschieden musikalisch tat".[64] Bezeichnend auch diese Briefstelle: „Ich sah allerlei Noten durch und verglich sie mit den Vortragsfähigkeiten meiner Singvereinssolistinnen. Unter andern sah ich mir das Duett ‚der weißen Damen' an. ‚Unglücksel'ge, den ich wagt' zu lieben'. Ich sah gleich, die kleine Johannsen kann das nicht vortragen. Warum nicht? Ich antwortete mir: ‚Sie hat die Gewalt der Leidenschaft noch nicht empfunden'"[65]. Storms Novelle „Ein stiller Musikant" endet mit einem Konzert, in dem eine junge Sängerin zum einen Mozart und zum anderen eine Komposition eben des stillen Musikanten zu Gehör bringt. „Mir war, als hätte ich niemals einen zugleich so anspruchslosen und so ergreifenden Gesang gehört" oder auch „Das ist Seele, – Seele!" heißt es dort lobend; aber auch: Ein Geigenquartett langweilte, denn alle

---

64 St./Ernst Esmarch vom 22.11.1865.
65 St./Constanze Esmarch vom 09.05.1844.

Sorgfalt und Sicherheit der Spielenden vermochte dem Spiel „keine Seele einzuhauchen". Eine ähnliche Thematik findet sich in Storms Novelle „Es waren zwei Königskinder".[66] Dort geht es um Musikstudenten an einem Konservatorium in Schwaben. Von einem Studenten namens Marx heißt es: „Zwar im technischen Klavierspiel hatte er [...] mich schon lang überholt; er hatte begonnen, wenn wir allein waren, mir schwierige Sachen ohne Anstoß vorzuspielen; aber es war mir mitunter schwer erträglich geworden, denn ich meinte zu fühlen, dass ihm etwas fehle, das mit dem Kern und dem Urquell der Musik zusammenhing, was ich selber in mir trug, aber derzeit wegen mangelnder Technik nicht zum vollen Ausdruck bringen konnte". Erst als Marx in eine tiefe Liebe verfällt, gewinnt er dadurch – so der Erzähler, und so auch Storm – den ihm fehlenden tiefen musikalischen Ausdruck hinzu und kann dann etwa „mit Chopin in den tiefsten Abgrund gehen". Kern und Urquell der Musik zu erspüren – dies und nur dies war es, was für Theodor Storm zählte. Die häufige Thematisierung in seinen literarischen Werken lässt vermuten, dass die Wirkung der Musik auf den Menschen und die emotionale Ergriffenheit beim Musizieren Storm sehr wichtig war.

---

66 Den Stoff zu dieser Novelle soll Karl Storm, der zur musikalischen Ausbildung auch in Stuttgart weilte, seinem Vater geliefert haben, vgl. Tönnies S. 43 f.

Storms erster Husumer Chor (1843–1847)

Nun also: Theodor Storm gründete und leitete auch mehrfach Chöre. Soweit davon überhaupt in Storm-Biografien etwas verlautet, heißt es, er habe das kulturelle Leben Husums anregen wollen.[67] Das mag sein, doch war seine Motivation gewiss komplexer. Auf der einen Seite entwickelte sich das Chorwesen zu Beginn des 19. Jahrhunderts allerorten zu einer ausgedehnten Bewegung; um 1850 gab es etwa 100.000 Sänger, die in unzähligen Gesangvereinen organisiert waren. Studentenverbindungen, in denen sich Männer mit deutschnationaler Gesinnung als Sänger organisierten, verfügten über ein breites, für Hochzeiten, Beerdigungen und andere Anlässe geeignetes Repertoire an Liedern. Ausgangspunkt und Muster für weitere „Liederkranz", „Musikverein", „Sängerbund" oder „Liedertafel" benannte Amateurformationen bot vor allem die von Carl Friedrich Zelter in Berlin gegründete Singakademie. „Chormusik mit Orchester, zumal als Oratorium, hatte im 19. Jahrhundert ein Renommée, das heute nicht leicht mehr vorzustellen ist. In ihr scheint an Plätzen, wo es weder eine Oper noch regelmäßige Symphoniekonzerte gibt, eine letzte Verbindung zwischen der traditionellen professionellen Kunst und dem neuen Chorgesang bürgerlicher Liebhaber möglich zu sein. Das Oratorium blüht, weil es eine Chance zur Aufführung dort bietet, wo sonst kaum regelmäßig größere Werke erklingen. Außerdem bedeutet das Oratorium den Verzicht auf szenische Darstellung [...] eine Erleichterung der Aufführung gegenüber der Oper".[68] Auch

---

67 Laage, Chronik, S. 17 unter Bezug auf mehrere briefliche Äußerungen Storms gegenüber seiner Braut.
68 Metzler Musikchronik, S. 574.

heutzutage gibt es noch allerorten – in Kirchen, in Vereinen, in Schulen – Chöre; doch hat sich das Bild und die Bedeutung des Chorsingens verändert: Neben den vielfältigen und professionell produzierten Unterhaltungsangeboten etwa von Film, Fernsehen oder Rundfunk ist die Chormusik ins Abseits geraten. All dies Ablenkende gab es zu Storms Zeiten nicht; gemeinsames Musizieren, also Hausmusik oder eben Chorgesang, mehr war nicht möglich. Die Gründung eines Chores auch in Husum lag also in der Luft.

Dass sich Theodor Storm auf die Gründung eines „Singvereins" einließ, ist sicherlich in seiner Liebe zur Musik begründet; daneben aber gewiss nicht wenig damit, dass Storm ausgesprochen eitel war, andere auch gern beherrschte und die Chance sah, als Chorleiter und – dies gewiss nicht zuletzt – auch als Sänger sich und seiner Person einen bedeutsamen weiteren Geltungsbereich zu erschließen. Er wird sich gesagt haben, dass er mit seiner Singstimme, deren Wirkung er hoch einschätzte, allein nicht auf eine Konzertbühne gelangen würde, wohl aber als Mitglied und Mittelpunkt eines ihn umgebenden Chores. Es ist nicht zu übersehen, dass es Storm zeitlebens in besonderer Weise verstand, seine Person in den Mittelpunkt zu stellen, vor Selbstlob nicht zu scheuen und sich als Vorleser oder eben auch als Sänger oder Dirigent mit der Aura des Auserwählten zu umgeben. „Eine kolossal hohe Selbsteinschätzung" bescheinigte Theodor Fontane seinem Kollegen und Freund Storm – nicht ohne zugleich zu bekennen, dass er es zu den glücklichsten Fügungen seines Lebens zähle, Storm durch Jahre hindurch nahegestanden zu haben.[69] Der Studienfreund Theodor Mommsen äußerte noch über den 67-jährigen Dichter: „Neulich hatten wir Storm hier [...] Er ist wenig verändert, im Guten wie im

---

69 Fontane, S. 253 und 256.

Schlimmen, liebenswürdig und eitel zum Beneiden".[70] Dem jungen Adrian Leverkühn, der bei aller heimlichen Neugier auf die Musik sich einmal fragt, welche praktische musikalische Betätigung er als Musiker denn ausfüllen könnte, dem legt Thomas Mann in den Mund: „[...] und ganz und gar fehle ihm das Zigeunerblut des konzertierenden Künstlers, der durch die Musik und anlässlich ihrer sich vor dem Publikum produziere. Dazu gehörten seelische Voraussetzungen, sagte er, die bei ihm nicht erfüllt seien: das Verlangen nach Liebesaustausch mit der Menge, nach Kränzen, nach Katzbuckelei und Kusshänden im Beifallsgeprassel."[71] Die hier angesprochenen „seelischen Voraussetzungen", besaß Theodor Storm sie etwa nicht? Das Dirigieren bietet ja die Möglichkeit, Allmachtsfantasien auszuleben. Storm dirigierte immer gern, aber auch streng; zum Beispiel übte er mit den Schwestern Friederike und Dorothea Jensen Gesangsduette und korrigierte und verärgerte die Beiden manches Mal so sehr, dass sie erzürnt den Raum verließen.[72] Im Umgang mit den Mitgliedern seines ersten Husumer Singvereins war Storm oft ungeduldig, jähzornig und unbeherrscht. „Er dirigierte mit Feuer und Flamme. Bei den Übungen konnte er sehr heftig werden. Hauptsächlich seine Schwester Helene, die ihn in der Leitung unterstützte, wurde oft vor den Herren und Damen gescholten. Wenn nicht zu seiner Zufriedenheit gesungen wurde, so zog er die Stirn in düstere Falten, und dann zitterten wir. War der letzte Ton verhallt, so schloss Storm das Klavier, fuhr eilig in seinen Mantel und stürzte

---

70 Hans-Erich Teitge, Theodor Storms Briefwechsel mit Theodor Mommsen, Weimar 1966, S. 24.
71 Thomas Mann, Doktor Faustus, Das Leben des deutschen Tonsetzers Adrian Leverkühn, erzählt von einem Freunde, S 142.
72 Gertrud Storm, Bd. I, S. 136.

hinaus. Die verblüfften Sänger, die noch Tee trinken, Konfekt essen, vielleicht auch noch tanzen wollten, verschworen sich, nicht wiederzukommen. Zur nächsten Singübung fanden sich doch alle wieder zusammen. Die gemeinsame Freude war zu groß".[73] So berichtete später ein Chormitglied in einem Brief an Gertrud Storm. Im Laufe der Jahre gewann Storm als Chorleiter jedoch mehr und mehr das Gefühl einer gesicherten Autorität und der inneren Ruhe; Joachim Rohweder, der Storms zweitem Husumer Chor angehörte, bekundete, dass Storm „mit nie ausgehender Geduld" leitete und dabei die Chormitglieder „durch Beispiel und Wort" für die geprobten Stücke zu begeistern wusste.[74] Der Gedanke einer Chorgründung formte sich in Storm vielleicht auch deshalb, weil er sich anscheinend in dieser Zeit nicht recht ausgefüllt fühlte. Seine Anwaltspraxis nahm ihn noch nicht wirklich in Anspruch. Ob ihn das Immensee-Projekt schon beschäftigte? Die Novelle erschien 1849 im Druck, hatte aber gewiss eine längere Vorlaufzeit. Zwar hatte Storm, zusammen mit dem Amtmann von Krogh, einen eleganten „hübschen und zierlichen" Ball arrangiert und er hatte im Rahmen einer größeren Veranstaltung bei Kroghs auf dem Husumer Schloss eine von ihm verfasste zweiaktige Pantomime einstudiert und aufgeführt, bei der er selbst den Harlekin spielte.[75] Er war also am geselligen Leben seiner Heimatstadt aktiv beteiligt. An seinen Studienfreund Theodor Mommsen aber schrieb er auch: „Mir selbst geht es in vieler Hinsicht gut, ich lebe in angenehmen Verhältnissen zu meiner Familie, bekomme nach und nach Praxis, mehrere meiner öffentlichen Plädo-

---

73 Gertrud Storm, Bd. I, S. 165.
74 Rohweder, S. 3.
75 Brief an Theodor Mommsen vom 01.12.1842 ff., bei Goldammer, I, S. 31 f.

yers sind von urteilsfähigen Praktikern sehr belobt, meine schriftlichen Arbeiten findet mein Papa nicht selten ganz vortrefflich, kurz, in dieser Beziehung fehlt mir nichts; aber mir fehlen Freunde; ich habe hier keinen, der mir einigermaßen näherstünde [...]".[76]

„Der Dirigent ist ein Facharbeiter, der zwanzig Jahre Berufsausbildung benötigt", soll Herbert von Karajan gesagt haben. Nun geht es ja nicht um einen Berufsdirigenten und nicht um Symphonien, aber auch für den ehrenamtlich, den nebenberuflichen Dirigenten gelten gewisse Voraussetzungen, namentlich die gründliche Beherrschung eines Instrumentes. Theodor Storm zweifelte offenbar nicht daran, dass er auch als Laie zur Leitung eines Chores genügend befähigt war. Und dass er das war, zeigte sich ja auch alsbald! Ob er aber ahnte, was er sich mit der Gründung eines Chores auflud? Die musikalische Arbeit mit dem Chor war ihm meist „Erquickung", wie er gelegentlich anmerkte. Er versäumte, wie Rohweder festhielt, keinen Übungsabend und ließ sich auch von schlechtestem Wetter oder von seiner oft angegriffenen Gesundheit nicht abhalten.[77] Dass die Chorleitertätigkeit[78] eine vielleicht Jahre andauernde Belastung für ihn bedeuten würde, mag er sich gesagt haben; er nahm sie auf sich – obwohl er zeitlebens von schwacher, nervöser Konstitution war und zeitlebens in Belastungssituationen, wie sie insbesondere der ihm lästige juristische Beruf mit sich brachte, mit „Magenkrampf", mit Kopfschmerzen, mit „Wallungen in der Brust" und mit einer ganzen Reihe anderer psychosomatischen Beschwerden

---

76 Brief vom 06.03.1843, bei Goldammer, I, S. 44.
77 Rohweder, S. 3.
78 Mückenberger in Storm-Blätter aus Heiligenstadt, 10. Jg. S. 30 ff.

zu kämpfen hatte.[79] Immerhin hatte er bereits Umgang mit einigen musikalisch ausgerichteten Bekannten. Aber Husum war ja damals ein kleines rückständiges, ein altertümliches Städtchen von nicht mehr als 5000 Einwohnern; ob da genügend hinreichend geeignete Sänger und Sängerinnen zu finden sein würden, um einen halbwegs tauglichen Chor zusammenzustellen? Und ein Probenprogramm ließe sich ja auch erst festlegen, wenn er ein Bild von den Möglichkeiten der Chormitglieder gewonnen hätte. Dass er sich sogar recht vertiefte Gedanken machte, folgt aus einem Brief an Constanze vom 09.05.1844: „Ich sah allerlei Noten durch und verglich sie mit den Vortragsfähigkeiten meiner Singvereinssolistinnen. Unter andern sah ich mir das Duett ‚der weißen Damen' an."[80] Seine Sängerin Johannsen hatte dafür zwar an sich das ausreichende stimmliche Potential; Storm hielt aber für einen überzeugenden Liedvortrag nicht nur die Stimme, sondern auch ein durch Erfahrung erprobtes Bewusstsein starker Leidenschaft der Sängerin für unerlässlich. Offenbar überforderte Storm den Chor mit seinem anspruchsvollen Liedmaterial dennoch hin und wieder und er reagierte dann ungeduldig und aufbrausend. Mit der Chorleitung kamen auf Storm viele neue Aufgaben zu: Es bedeutete für ihn eine längerfristige zeitliche und konzeptionelle Bindung, da er strategische Vorstellungen entwickeln musste, wohin sich der Chor entwickeln kann; darüber hinaus musste er nicht nur einen großen Vorrat an geeignetem Gesangsmaterial bereits im Kopf haben, sondern sich auch ständig über neue Kom-

---

79 Zwei amtsärztliche Atteste stellten bei Storm „krankhafte allgemeine Nervenreizbarkeit" fest und befürworteten einen Erholungsurlaub und später den vorzeitigen Ruhestand (Personalakten betreffend den Amtsgerichtsrat Storm, Landesarchiv Schleswig-Holstein, Signatur Abt. 354 Nr. 110, S. 13 ff.).
80 St./Constanze Esmarch, S. 60.

positionen informieren und sich um die Erweiterung des Repertoires des Chores bemühen. Für die Kenntnis geeigneten Liedmaterials tat Storm viel. In Lübeck und in Kiel hatte er vielleicht schon Dieses oder Jenes näher kennengelernt, aber erst die Programme seines Chores belegen sehr klar, dass sich der Chorleiter einen beeindruckend breiten Überblick über die klassische und die zeitgenössische Musikliteratur verschafft hatte; neben dem in den Konzertprogrammen ausgewiesenen Material war gewiss vieles Weitere, was der Chorleiter sich beschafft, überprüft und als für den Chor ungeeignet oder der Mühe nicht lohnend verworfen hatte. In einer Zeit vor Entwicklung der ersten Tonträger bedeuteten diese Vorprüfungen, dass er sich alles Material mühevoll und zeitraubend anhand von Partituren erschließen musste. Zu seinen Aufgaben als Chorleiter gehörten auch die Organisation von Auftritten und die Sicherung des Mitgliederbestandes. Dazu kam die eigentliche Probenarbeit, die auch nicht immer reibungslos ablief, beispielsweise wenn Interessierte erschienen, die keine Noten lesen konnten, stimmlich untauglich waren oder nur aus geselligen Gründen Mitglied im Chor sein wollten. Dem ungeduldigen Storm mag die Unpünktlichkeit, fehlende Motivation und die Disziplinlosigkeit mancher Chormitglieder, ähnlich wie bei seinem Sohn, ein Dorn im Auge gewesen sein. Heutzutage kann ein Leiter seinen Chor sehr einfach und nachhaltig dadurch motivieren, dass er seinen Sängern das geplante Musikstück in einer guten Einspielung über Tonträger vorspielt und so dessen klangliche Schönheit ihnen nahebringt. Zu Storms Zeiten konnte der Chorleiter nur selbst vorsingen oder am Klavier vorspielen lassen. Bei alledem muss der Chorgründer Freude und Zuversicht verbreiten, er sollte durch Gelöstheit, vielleicht auch durch ein Lachen da und dort, über Schwierigkeiten, über Patzer oder über Störungen hinweg führen. Das eben wollte dem oft zu ungeduldigen Chorleiter Theodor Storm anfänglich nicht recht gelingen. Doch trugen ihn seine musikalische Leidenschaft, sein Selbstvertrauen und der zähe Wille, mit dem er alle seine Vorhaben lebenslang verfolgte, über alle diese Anfangsschwierigkeiten hinweg.

Seinen ersten „Singverein" rief Theodor Storm im Frühjahr 1843 ins Leben. Der damals 26-jährige Storm hatte vorher einige Monate in der Kanzlei seines Vaters mitgearbeitet; er hatte eben im Frühjahr 1843 vom dänischen König seine Zulassung als Advokat erhalten und führte fortan in Husum eine eigene Kanzlei. Den Grundstock seines Chores bildeten die Bekannten, mit denen Storm auch sonst musizierte; seine Schwester Helene war ihm eine tüchtige Hilfe, indem sie die Probenarbeit des Chores am Klavier begleitete. Die wöchentlichen Proben des gemischten Chores fanden regen Zulauf – gewiss eben auch deshalb, weil sie stets in einen geselligen zweiten Teil mündeten. Der neugegründete Singverein konnte schon im August sein erstes Konzert geben, und zwar im Husumer Rathaussaal unter der Leitung seines „Direktors"[81] Theodor Storm und mit Schwester Helene Storm am Klavier. Die Einnahmen – es wurden dann 60 Mark und 4 Schilling – waren „zum Besten der Warteschule"[82] bestimmt. Das Programm bot in einem ersten Teil: 1. Ouvertüre; 2. Morgengebet, Chor von Mendelssohn-Bartholdy; 3. Jägers Abschied, Männerquartett von demselben; 4. Concertino für zwei Flöten und Klavier von Kummer. Der zweite Teil eröffnete wiederum mit einer Ouvertüre, gefolgt von „Bergmannslied, Männerquartett von Gläser" und „Was bleibet und was schwindet"

---

81 Vgl. St.an Constance am 30.05.1844 (Briefe 1 S. 58)
82 Die „Warteschule" war eine seinerzeitige Betreuungseinrichtung für Kleinkinder arbeitender Eltern

von Andreas Romberg.[83] Natürlich blieb das Konzert nicht unbeachtet. Das Husumer Wochenblatt vom 27.08.1843 bemerkte: „[...] der erst kürzlich ins Leben getretene Singverein lieferte den Beweis, dass mit Eifer und Laune in kurzer Zeit sich Erfreuliches leisten lässt; die Aufführung aller Nummern ließ wenig zu wünschen übrig; Anerkennung fand dies auch im gesamten Auditorio [...]".[84]

Von Anfang an hatte Storm eine Solistin im Chor, von der er noch in späteren Jahren schwärmte. Denn obwohl er mit seinen Sängern in seinem Heiligenstädter Chor vollauf zufrieden war, merkte er in einem Brief an seine Eltern noch im April 1860 an: „Nur eine Solistin, wie die damalige Guste Krogh fehlt mir noch".[85] Guste, eigentlich Auguste, Krogh war die Tochter des Husumer Amtmannes Kammerherr von Krogh. Als diese sich verlobte und Husum und damit den Chor verließ, richtete Storm ein Gedicht an sie, das – wie Getrud Storm es natürlich ganz richtig sieht – „uns verrät, dass sie nicht nur seine beste Solistin war":[86]

An Auguste von Krogh

So löst du denn, was früher du verbunden,
Und schließt aufs neu' den innigsten Verein.
Nimm das zum Abschied: alle guten Stunden,
Die ich dir danke, sollen mit dir sein.
Doch darfst du nicht so leicht von hinnen gehen,
So leicht erwerben nicht dein neues Glück,

---

83 Dies und das Folgende aus: Sievers, S. 89 ff.
84 Sievers, S. 89. Übrigens finden sich leider sonst Rezensionen für keines der zahlreichen weiteren Konzerte der Stormschen Gesangvereine der Husumer oder auch der Heiligenstädter Zeit.
85 Briefe in die Heimat, S. 144.
86 Gertrud Storm, Bd. I, S. 167; von dort ist auch der Text des Gedichtes übernommen.

Den Himmel musst du erst durch Tränen sehen,
Denn viele Liebe lässt du hier zurück.
O dass dir stets ein solcher Wechsel bliebe:
Von Liebe scheiden, gehen zu der Liebe.

Während Storm betont anspruchsvoll und wählerisch war, was seinen privaten Umgang anlangte, war er bei der Aufnahme von Chormitgliedern großzügig. Unabhängig von Stand und Bildung war ihm jeder willkommen, der über eine gute Stimme und ein gutes Gehör verfügte. Einige preußische Offiziere seien auch in seinem Gesangverein, teilte er seinem Freund Ludwig Pietsch später einmal mit, und einige Husumer Mitglieder seien deshalb ausgetreten[87]; offenbar hatte da sogar Storms innige Abneigung gegen alles Preußische geschwiegen. „Ist doch Musik die Kunst, in der sich alle Menschen als Kinder eines Sternes erkennen sollen!", so heißt es an einer Stelle seiner Novelle „Eine Halligfahrt".

Mit dem „Morgengebet, Chor von Mendelssohn-Bartholdy" war bereits beim ersten Auftritt von Storms Singverein Mendelssohn im Programm. Storm hatte seine Vorliebe für Mendelssohns Musik häufig betont. Dessen „zarte, feingeschliffene Kunst"[88], die Anmut und Melancholie seiner Musik hatten Storms lyrische Seele tief berührt. Das Oratorium „Paulus" brachte er schon mit seinem ersten Husumer Chor zur Aufführung, wie ein Brief Storms an seine Eltern aus Heiligenstadt vom 29. Januar 1862 belegt: „Für Mutter will ich noch erwähnen, dass wir im Singverein den ersten Teil des ‚Paulus' üben und nächstens aufführen werden. Ich singe darin, wie vor Jahren in Husum, den ‚Stephanus', damals begleitete uns unsere gute Helene, die uns seit so lange

---

87 Blätter der Freundschaft, S. 171.
88 Wendt, S. 77.

schon vorausgegangen ist."[89] Mendelssohns Oratorien – zum wiederholten Mal den „Paulus" von 1838 und neu dann auch den „Elias" von 1846 – führte er später mit Chören auf. Felix Mendelssohn-Bartholdy, dem nur 38 Lebensjahre beschieden waren (1809 bis 1847), schuf in seinem kurzen Leben ein immens vielseitiges Musikwerk; mit seinen Oratorien schloss er unmittelbar an den genialen Vorläufer Georg Friedrich Händel und dessen umfangreiche Hinterlassenschaft an Oratorienmusik an; die strenge formale Geschlossenheit seiner Oratorien und ihre geschmeidige klassizistisch-romantische Ausrichtung prägten die zeitgenössische Musik und brachten Mendelssohn damals sofort Erfolg und große Bekanntheit ein. Sein „Morgengebet", aus „6 Lieder im Freien zu singen für gemischten Chor op. 48", ist die Vertonung eines Gedichts von Joseph von Eichendorff:

Morgengebet[90]

O wunderbares, tiefes Schweigen,
Wie einsam ist's noch auf der Welt!
Die Wälder nur sich leise neigen,
Als ging der Herr durchs stille Feld.

Ich fühl' mich recht wie neu geschaffen,
Wo ist die Sorge nun und Not?
Was mich noch gestern wollt' erschlaffen,
Ich schäm' mich des im Morgenrot.

Die Welt mit ihrem Gram und Glücke
Will ich, ein Pilger, frohbereit
Betreten nur wie eine Brücke
Zu dir, Herr, übern Strom der Zeit.

---

89 Briefe in die Heimat, S. 176.
90 Von Eichendorff, Sämtliche Werke, 2. Aufl., Band 1. 1864, S. 571 f.

Und buhlt mein Lied, um Weltgunst lauernd,
Um schnöden Sold der Eitelkeit:
Zerschlag' mein Saitenspiel und schauernd
Schweig ich vor dir in Ewigkeit.

Um diese Zeit, im Herbst 1843, fanden Theodor Storm und seine, wie es hieß, hübsche und lebenslustige Cousine, Constanze Esmarch, in Liebe zueinander. Constanzes Familie lebte in Segeberg, aber Constanze war damals länger besuchsweise in Husum. Storm hatte Constanze, die eine angenehme Alt-Stimme hatte, auch in seinem Singverein eingesetzt. Die beiden verlobten sich im Januar 1844. Vater Storm hielt die Verlobung für überstürzt und seinen Sohn Theodor für „launenhaft"[91], also noch nicht für genügend gefestigt; er drang darauf, dass Constanze noch für ein Jahr daheim bei den Eltern in Segeberg lebte. Während der folgenden eineinhalb Jahre andauernden Trennung wechselten die Verlobten in dichter Folge Briefe, die durch einen quälerischen, Constanze oft überfordernden Ton auf Seiten Storms gekennzeichnet ist. Hier ist von Bedeutung, dass er Constanze, die bei einem Musiklehrer in Segeberg Gesangsunterricht hatte, immer wieder bedrängte, ihre Stimme weiter auszubilden. „Du musst Deine Stimme gewaltiger anzuwenden versuchen; das Gefühl beim Vortrag muss das des Herrschens sein; des Beherrschens der Stilmittel der Deklamation – das ist die Hauptsache – und der Zuhörer", so schrieb er ihr am 19.07.1944.[92] Oder: „Anbei erhältst Du die gewünschten Duette (,Müllerherz', op. 21 Nr. 3 von Friedrich Wilhelm Kücken). Nun sing recht brav daraus; ich hab Dir auch die Alt-Sachen aus Glucks Opern geschickt, üb die bitte recht genau ein ,Was war ich einst durch dich' und ,Ach aller Freuden leer' und alles andre im

---

91 Brieflich an Ernst Esmarch (bei Gertrud Storm, Bd. I, S. 173).
92 St./Constanze Esmarch, Bd. 1, Nr. 34.

Heft und dann vorzüglich ‚Ach ich habe sie verloren' (die zwei letzten Lieder aus ‚Orpheus und Euridike'). Willst Du mir aber recht was zu lieb thun, so verschaff Dir, aber jetzt gleich!, Altsolfeggien die tiefsten die Kaibel im Laden hat, und üb die regelmäßig jeden Tag. Das schafft! Lass mich sehen, ob Du Willen und Kraft hast!"[93] Die Solfeggien für die Altstimme, die Constanze singen soll, sind Übungsstücke für die Solmisationssilben ‚do re mi fa so la si'.[94] „Könnt ich Dir doch etwas von meinem Enthusiasmus für Musik mitteilen; meine süße Dange, Du bist doch gar zu phlegmatisch dabei".[95] – Theodor Storm und Constanze Esmarch heirateten am 15. September 1846. Schon ein paar Tage nach der Hochzeit schrieb Constanze ihrer Mutter, sie möge doch alle ihre Noten schicken, „denn wir wollen uns nächstens ein Instrument miethen".[96]

In dichter Folge fanden bis März 1847 neun weitere Konzerte des Singvereins statt.[97] Darin drücken sich auf der einen Seite der Eifer des Chores, auf der anderen aber vor allem die Energie, die Beharrlichkeit und der Erfolg seines Leiters aus, der es verstand, das Können und den Anspruch seines Chores beständig zu verbessern.

Während das zweite Konzert des Singvereins am 31.01.1844 ebenso wie die Proben im Saal der Justizrätin Stemann stattfanden, hatte Storm für den dritten Auftritt, bei dem ein geistliches Konzert gesungen werden sollte, die

---

93 St./Constanze Esmarch vom 14–17.08.1845.
94 St./Constanze Esmarch, 16.09.1845.
95 St./Constanze Esmarch, 10.ff. 09.1845.
96 Constanze Storm 19.09.1846.
97 Nämlich am 21.8.1843, am 31.1.1844, am 27.3.1844, am 12.7.1844, am 18.12.1844, am 12.3.1845, am 3.9.1845, am 3.7.1846, am 9.8.1846 und zuletzt am 12.3. 1847; vgl. Sievers, S. 89 ff.

Marienkirche als Veranstaltungsort geplant. Da dies das Kirchenpatronat untersagte, musste der Singverein auf die Kirche des St. Jürgen-Stifts ausweichen. Das Programm des 27. März 1844 kündigte an: „1. Adagio für Orgel von Hesse, gespielt von dem Organisten F. Feddersen; 2. Die Ehre Gottes aus der Natur[98]; 3. Mozarts Missa pro defunctis, Requiem". Der Singverein bestand aus 19 Sängern, nämlich aus fünf Damen im Sopran, vier Damen im Alt, vier Herren im Tenor und sechs Herren im Bass. Solisten waren Auguste von Krogh (Sopran), Frl. L. Schmidt (Alt), Theodor Storm (Tenor) und H. Fahr (Bass). „Am Mittwoch gab der hiesige Singverein das Mozartsche Requiem. Dies große Tonwerk wurde mit einer solchen Präzision gegeben, dass alle gerechten Ansprüche an die Aufführung dieses schwierigen Musikstückes befriedigt werden mussten"[99], so der Rezensent des Husumer Wochenblattes.

Im April 1844 erhielt Theodor Storm eine Sendung von Liedkompositionen von Bettine von Arnim zugesandt. Am 25.05.1844 schrieb er darüber an Constanze: „Ich habe gestern ein Heft Gesangsstücke comp. von Bettine bekommen, Du weißt, die ihren Briefwechsel mit Goethe herausgegeben hat; wie ich dachte, sind die Sachen meist von willkürlichem Anstrich, so, als wenn man aus dem Stegreif ein Gedicht singt. Sie sind meist tief, ich lasse Dir daher zur Probe drei davon abschreiben. Sing sie doch einmal. Amande aber muss sie begleiten, und ihr müsst Euch Müh damit geben; denn es ist nicht so leicht in diese musikalische Willkühr einzugehen und einen runden Vortrag dabei zu erreichen ..."[100] Und tags

---

98 Text von Christian Fürchtegott Gellert, vertont von Ludwig van Beethoven – op. 48, Nr. 1–6, 1803.
99 Vgl. Sievers, S. 90.
100 St./Constanze Esmarch, 23.-25.5.1844.

darauf fügte er hinzu:" Du Dange, verstehst Du das erste Lied von Bettine: 'Mondenschein schläfert ein'? Gieb Dir einmal recht Müh damit ..."[101] Er sah wohl, dass die Melodie von „Mondenschein" schwer singbar war, er mochte aber wohl die dichten, aus Achim von Arnims Drama „Die Gleichen" (1819) stammenden Verse:

Mondenschein
Schläfert ein
Wenn er an dem Harnisch blinkt
Und den Tau vom Stahle trinkt
Mondenschein
Glänzt wie Wein
Hält die Augen freudenwach
Scheinet er auf Liebchens Dach.

Es zeugt von großer musikalischer Kenntnis, wie rasch und treffend Theodor Storm zu einer Einschätzung dieser Gesangskomposition gelangte und wie kundig er deren Schwächen benennen konnte. Es zeigt sich auch, dass er neues Notenmaterial schnell und ohne große Mühe erfassen konnte. Es ist nicht bekannt, ob sich Bettina von Arnim und Theodor Storm zum damaligen Zeitpunkt persönlich kannten. Bettina hatte zuvor bereits gezielt die Freundschaft von Goethe, von Caroline von Günderode, von Beethoven, von Brahms, von Liszt und anderen Künstlern gesucht und nun wohl auch eine Verbindung zu Storm angestrebt. Doch lohnt es, hier ihr musikalisches Leben in Kürze einzublenden, weil es ein bezeichnendes Licht auf den damaligen gesellschaftlichen Stellenwert von Musik und Gesang und auf die verbreitete Kompositionslust zu Storms Zeiten wirft. Bettina von Arnim, geborene Brentano, wurde bekannt als Dichterin und Schriftstellerin, namentlich von ihren Briefromanen wie

---

101 St./Constanze Esmarch, 25.-26.5.1844.

„Goethes Briefwechsel mit einem Kinde". Aus einem hochkultivierten Familienumfeld stammend hatte sie sich einem betont freien, einem von allen gesellschaftlichen und künstlerischen Zwängen befreiten Leben verschrieben; in Kleidung und Auftreten unangepasst, vertrat sie emanzipatorische und sozialkritische Ideen. Nahezu unbekannt ist, dass – ganz ähnlich wie bei Storm — ein beachtlicher Teil ihres Lebens auch der Musik und dem Gesang gewidmet war. „Ich fühle doch, dass diese Neigung zum Gesang noch in keiner Laune meines Lebens untergegangen, und wenn mir alles verdrießlich war, so konnte dies mich wieder wecken, trösten usw. ...".[102] Schon in der Schule hatte sie Musikunterricht, ließ sich aber dann auch jahrelang von verschiedenen Musikern in Klavier, in Gesang und auch in Komposition weiterbilden. Sie sang täglich mehrere Stunden und erreichte, dass sich ihre Altstimme sowohl in der Höhe wie in der Tiefe erweiterte. Aber obwohl sie auch komponierte, erlernte sie die Grundlagen der Komposition nie richtig. „Selten wählte sie geschriebene Lieder, – singend dichtete sie und dichtend sang sie mit prachtvoller Stimme ihre Improvisationen", so Alois Bihler, ein junger Helfer beim Komponieren, in seinen Jugenderinnerungen.[103] Ihre Vorliebe für improvisiertes Singen fiel auch andernorts auf.[104] Die Schwierigkeit in der Handhabung des Generalbasses, der seinerzeitigen Notierungsweise der Begleitharmonien, überwand sie nie. Entsprechend ihrer generellen Abkehr von Konventionen übertrat sie ganz bewusst kompositorische Regeln. Stolz auf ihre „eigensinnigen Ak-

---

102 Brief an Achim v. Arnim vom 12.06.1809, bei Bettine und Arnim, Briefe der Freundschaft und Liebe, hg. von Otto Betz und Veronika Straub, Frankfurt/Main 1987, Bd. 2, S. 193.
103 Alois Bihler, Beethoven und das „Kind", in: Die Gartenlaube 1870, Nr. 20, S. 314.
104 Vgl. Möhring S. 58.

kompagnements" schrieb sie Franz Liszt am 20. Juni 1842: „Was ich aber später herausgeben werde, das hat den Zaum zerbissen und ist seinem Begeisterungslauffeuer nicht mit Löscheimern von Generalbassregeln nachgelaufen, um die Lebensflamme im erstickenden Rauch ihrer zündenden Kraft zu berauben. Ich muss also einen Übergang machen, und dazu sind dergleichen fehlerbezeihte Sätze ganz angemessen, dass man sich allmählich daran gewöhne".[105]

In einer eingehenden, insgesamt aber recht kritischen Rezension der *Allgemeinen musikalischen Zeitung* vom 08. Februar 1843[106] heißt es zu den dann veröffentlichten Liedkompositionen Bettinas u.a.: „Eine gewisse dilettantische Naivität macht sich geltend; ihres Rechtes, so und nicht anders zu handeln, fröhlich bewusst, gestaltet sie freilich nicht mit jener Sicherheit, welche künstlerisches Studium, Erfahrung und Uebung an die Hand geben [...]". Bezüglich des Liedes „Herbstgefühl" wird beanstandet, dass es „allzu wenig Rücksicht auf die Sangbarkeit nimmt; wäre die stützende Begleitung nicht, so würde der Sänger leicht unsicher werden. ... Die Clavierbegleitung ist einsichtig gemacht, und wir dürfen wohl die ordnende Hand eines Musikerfahrenen [...] voraussetzen." Ja, hatte nicht Storm sofort in ganz gleicher Weise votiert?

In Storms Chor gab es immer wieder Personalprobleme: „Zum ersten Mal nach dem Konzert wieder Singverein gehalten, aber nur mit acht Mitgliedern; Bella Stemann ist ausgetreten wegen Sommerreisen, Lucie Schmidt, weil sie Gouvernante irgendwo auf dem Lande geworden, Fahr ist vorläufig vom Arzt das Singen verboten, Rieke ist in Flensburg – Du siehst, jetzt gilt's, den gewandten Direktor zu

---

105 Bei Möhring S. 64.
106 Bei Möhring S. 65.

spielen ...", so Storm wiederum an Constanze.[107] Doch ging die Chorarbeit unaufhaltsam weiter. Alle folgenden Konzertauftritte fanden im Husumer Rathaussaal statt.

Zwischendurch jedoch ist über einen verpatzten Auftritt zu berichten: Im September 1845 besuchte der dänische König Husum. Man hatte Theodor Storm gebeten, etwas Musikalisches zum Empfang des Königs vorzubereiten. Storm hatte einen Text „Heil Dir, großer König!" gedichtet und als vierstimmigen Satz für einen Chor von zwölf Damen, unterstützt von zwei Flöten und Fagott, auch selbst vertont. Das klang, wie er fand, bei der abschließenden Probe oben auf der Schlosstreppe auch „außerordentlich prächtig". Aber als dann der König erschien, ein Kind dem König Storms Verse überreichte und Storm den Sängerinnen den Einsatz gab, da „wogte der Chor los – falsch, abscheulich, herzzerreißend; ich floh in die Thurmthür und hörte nun den Singsang zu Ende. Beim zweiten Vers sammelten sie sich etwas mehr; aber meine Mühe und mein Lied waren doch verdorben [...]".[108] Und dann musste Storm noch seine weinende Schwester Helene trösten, der die anderen Damen sehr unfreundlich den Missklang ankreideten.

Mit dem neunten Chorkonzert am 12. März 1847 beendete Storm die erste Phase seiner Chorleitertätigkeit und der Chor kam damit zum Erliegen. Dies lag nicht nur daran, dass Storms Schwester Helene in diesem Jahr gestorben war, die bis dahin als vorzügliche Klavierspielerin unentbehrlich gewesen war, weil sie die Übungen des Chores mit geleitet und an den Konzertaufführungen mitgewirkt hatte. Vielmehr war Storms ganze berufliche Existenz in Gefahr geraten: An sich unpolitisch, aber vaterländisch gesonnenen, war er in

---

107 St./Constanze Esmarch, 30.05.1844.
108 St./Constanze Esmarch, 31.8. bis 3.9.1844.

diesen Jahren mehr und mehr in den Strudel der Auseinandersetzungen mit dänischen Behörden geraten, die Schleswig durch dänentreue Beamte zu beherrschen trachteten. Das führte schließlich dazu, dass der dänische Minister für Schleswig-Holstein am 12. Juni 1853 ihm, ebenso wie einer ganzen Reihe anderer im Herzogtum Schleswig ansässigen Advokaten, die Anwaltszulassung entzog. Storm musste sich außerhalb Schleswigs eine Existenz suchen.

Nach mehreren vergeblichen Bemühungen um einen Posten im näheren Umfeld von Schleswig-Holstein fand er schließlich im November 1853 eine Anstellung als Gerichtsassessor in Preußen. Drei Jahre lang quälte er sich am Kreisgericht Potsdam mit dem für ihn völlig fremden, überaus komplexen preußischen Recht. Er musste dabei auch von dem gemütlichen heimischen Arbeitsstil umschalten auf das preußische Hochleistungssystem, bei dem 15 Stunden täglicher Dienstzeit durchaus nicht unüblich waren.[109] Immerhin hatte Storm bald anregenden Anschluss an einen „Rütli" genannten Berliner Künstlerkreis um Theodor Fontane, Paul Heyse, Franz Kugler, Wilhelm von Merkel, Friedrich Eggers, Adolf Menzel und andere gefunden, mit denen er regelmäßig zusammentraf. Auch erübrigte er Zeit für kleinere literarische Arbeiten, so für das zauberhafte Gedicht „*Am Deich – Ans Haff nun fliegt die Möwe ...*". Für Musik aber blieb daneben kaum Raum, weil das elterliche Klavier den Umzug der Familie Storm nach Potsdam nicht mitmachen konnte. Immerhin konnte Storm in einem Brief an seinen Dichterkollegen Eduard Mörike von Anfang Oktober 1854 berichten, dass er seit einigen Tagen ein Klavier gemietet habe und wieder zu singen anfangen werde; es ist dort von Liedern von Hetsch und von Kaufmann die Rede, die er sich

---

109 Näheres bei Mückenberger, Dichter und Richter, S. 87 ff.

beschaffen wolle, und davon, dass er Gluck, Weber, Schubert und Mendelssohn am liebsten singe, augenblicklich aber von Richard Wagners „Ach du mein holder Abendstern" ganz hingenommen sei.[110] Für Storms Potsdamer Assessorenjahre ist sonst – über die geschilderte nette Beziehung zu Clara von Goßler hinaus – Musikalisches kaum zu berichten. Über eine Bekanntschaft zwischen Storm und dem Berliner Musiker, Komponisten, Musiklehrer und damals zugleich Leiter der Berliner Liedertafel, Hermann Krigar (1819–1880), einem Schwager des Rütli-Freundes Adolf Menzel, ließ sich Näheres nicht ermitteln, doch müssen auch sie miteinander gut bekannt gewesen sein und gemeinsam musiziert haben, anders wäre Storms Äußerung – „fragen Sie nur Freund Krigar, ob ich Tenor singen kann"[111] – nicht zu verstehen.

Schon bis hierher weist der Stormsche Musikkosmos eine beachtliche Weite aus. Sein Chor sang Kompositionen von Mendelssohn, von Gläser, Mozart, Beethoven, Lortzing, Flotow, Weber, Haydn, Beriot, Boieldieu und von Romberg. Neben der intensiven Befassung mit Mendelssohn brachte Storm mehrfach Kompositionen von Andreas Romberg (1767–1821) ein, der zu Beginn des 19. Jahrhunderts als Komponist ähnlich hoch geachtet war wie etwa Haydn, Mozart und Beethoven, dessen Ruhm aber nach seinem Tod schnell verblasste. Romberg komponierte umfangreiche Vokalmusik und auch „Was bleibet und was schwindet" oder „Das Lied von der Glocke" und den Chor aus der „Macht des Gesanges". Auch Franz Joseph Glaeser (1798–1861), dessen Männerquartett „Bergmannslied" Storms Chor aufführte, kennt man nicht mehr. Dabei hatte sich Glaeser, der

---

110 Goldammer, Bd. 1, S. 249.
111 Storms Brief vom 26.-29.11.1865 an den Komponisten Hermann Goetz (bei Goldammer, I, S. 475).

aus armen böhmischen Verhältnissen stammte, nach enger Zusammenarbeit mit Beethoven und durch den großen Erfolg seiner ersten Oper „Des Adlers Horst" damals viel Ruhm und die Stellung eines Ersten Capellmeisters am Königlichen Nationaltheater in Kopenhagen erarbeitet. Zweimal erscheint auch der französische Komponist Francois-Adrien Boieldieu (1775–1834) im Chorprogramm, nämlich zum einen mit „Schottischer Nationalgesang" aus Boieldieus in Schottland spielender Erfolgsoper „La Dame Blanche" und zum anderen aus Chor und Terzett aus der Oper „Johann von Paris". Charles Auguste de Beriot (1802–1870), ein virtuoser belgischer Geiger und Komponist von Violinkonzerten, dürfte mit ‚Concert von Beriot in 2 Abtheilungen'[112] bei dem Chorkonzert am 08.09.1846 mit einer Instrumentaleinlage beigetragen haben.

Die Frage, was Musik mit Literatur zu tun hat, beantwortete Eleonore Büning folgendermaßen: „Viel. Alles. Zwillinge. Eineiig. Siamesisch", zudem fügte sie an: „Darüber sind sich die Philosophen seit je einig gewesen. Sie konnten es nur nie richtig beweisen."[113] In der Tat: beweisen lässt sich nichts in dieser so offenen, so vielschichtigen, so flüchtigen Nachbarschaft. „Wie bekannt, war Theodor Storm sehr musikalisch, so spiegelt sich seine Musikalität unausweichlich in seinen dichterischen Werken [...]", mit dieser wuchtigen Hypothese aber leitet Tanaka ein.[114] „Schon seine oft geradezu zur Komposition herausfordernden Verse lassen seine tiefmusikalische Natur erkennen, und seine ganz auf Musik gestimmte, von Wohlklang getränkte Sprache überzeugt, wie selten die eines

---

112 Eversberg Chronik, S. 42.
113 Frankfurter Sonntagszeitung vom 06.11.2016.
114 Hiroyuki Tanaka, Das Musikalische in der Dichtung Theodor Storms, Storm-Blätter aus Heiligenstadt 1995, S. 58 ff.

anderen Dichters, von der außerordentlich innigen Verwandtschaft zwischen Poesie und Musik".[115] Und auch Richard Dobel findet: „Musik klingt uns aus fast allen Schöpfungen Theodor Storms entgegen und verrät seine tiefe musikalische Natur".[116] In der Forschung wurde also versucht, einen besonderen Zusammenhang von Musikalität und lyrischen Hervorbringungen bei Theodor Storm herzustellen. Ob das aber zu überzeugenden Ergebnissen geführt hat? Ist es vermessen zu behaupten, dass Theodor Storms wunderbar zarte, seine rhythmisch und klanglich so schöne Lyrik – das für immer Bleibende seines Werkes! – nicht in gleicher Schönheit, mit dem gleichem Fluss und dem gleichem Rhythmus zustande gekommen wäre, auch wenn er keine so ausgeprägte Empfänglichkeit für Musik gehabt hätte? Lyrik hat von Hause aus, Lyrik hat von alters her ihre eigene Musikalität – sagt doch der Name schon, dass es Gesänge waren, die sich an die Musik der Leier, der Lyra anhängten. Dichtung musste sich Melodien anpassen, musste melodischen Linien folgen. Gibt es denn überhaupt so etwas wie „unmusikalische Lyrik"? Es ist heutzutage literaturwissenschaftlicher Konsens, dass Dichtung und Musikalität in einem engen Verhältnis zueinander stehen. Storm äußerte zur Gestaltung von Lyrik, dass „die Forderung, den Gehalt in knappe und zutreffende Worte auszuprägen, hier besonders scharf hervortritt, da bei dem geringen Umfang schon ein falscher oder pulsloser Ausdruck die Wirkung des Ganzen zerstören kann; diese Worte müssen auch durch die rhythmische Bewegung und die Klangfarbe des Verses gleichsam in Musik gesetzt sein [...]."[117] Diesem Gebot aber vermag

---

115 Witt, S. 282.
116 Dobel., S. 906.
117 Vorrede zum Hausbuch aus deutschen Dichtern seit Claudius. In: Theodor Storm. Sämtliche Werke in vier Bänden, hg. von

der Lyriker aus eigener rein sprachrhythmischer Kompetenz zu folgen. Und gerade die von Storm geschätzten Lyrikerkollegen Eichendorff, Mörike oder Heine kamen auch ohne besondere musikalische Begabung aus. Der Einfluss von Musik auf Storms Poesie wurde bislang eher von den Autoren betont, die sich dem Dichter von der musikalischen Seite her nähern; bei denjenigen, die sich ihm vom Literarisch-Germanistischen her nähern, fehlen solche Verbindungsversuche. Storm selbst hat sich hinsichtlich seiner Poesie auf das rein Literarische beschränkt. In seinem breit angelegten Brief etwa an den Wiener Schriftsteller und Literaturkritiker Emil Kuh vom 13. August 1873[118], dem er einen Abriss seines Künstlerlebens gab und dabei zum Teil sogar recht nebensächliche Einzelheiten berichtete, findet das Musikalische in seinem Leben keinerlei Erwähnung – und damit auch nicht als eine womöglich seine Dichtung mitprägende Kraft. Es kann an dieser Stelle nur die Vermutung formuliert werden, dass Storm seine Tätigkeit als Schriftsteller und sein musikalisches Schaffen in der öffentlichen Wahrnehmung seiner Person voneinander trennen wollte. „Mithilfe der göttlichen Tonkunst lässt sich mehr ausdrücken als mit Worten", wie es Carl-Maria von Weber zugeschrieben wird, – sollte es etwa zutreffen, dass Musikalisches tiefere Empfindungen auszulösen vermöchte als Gedichtetes? Gewiss hängt alles davon ab, ob der Hörer bzw. der Leser für das Eine oder für das Andere die feineren Antennen hat. Offenkundig ist jedenfalls, dass Dichtung und Musik sich begrifflich gegenseitig stark durchdringen; wie oft werden Gedichte als Lieder bezeichnet – man denke nur an Heinrich Heines „Buch der Lieder" oder auch an das „Liederbuch dreier Freunde", bei

---

Peter Goldammer, 7. überarbeitete Aufl., hier zitiert nach Tanaka wie Fn. 52.
118 Goldammer, II, S. 63–71.

dem es sich um eine Sammlung früher Gedichte Theodor und Tycho Mommsens und Theodor Storms handelt. Und überhaupt gilt doch Eichendorffs

> *Schläft ein Lied in allen Dingen,*
> *Die da träumen fort und fort,*
> *Und die Welt hebt an zu singen,*
> *Triffst du nur das Zauberwort.*[119]

---

119 In: Deutscher Musenalmanach 1838.

Zu Heiligenstadt (1856–1864)

Die quälenden Jahre als Assessor am Potsdamer Kreisgericht zogen sich länger hin als gedacht. Storm hatte gehofft, nach sechs Monaten eine Richterstelle zugewiesen zu bekommen. Tatsächlich musste er darauf drei lange mühselige Jahre lang warten. Obwohl er Assessor war, hielt man ihn in der Position eines Referendars, der ohne Stimmrecht bei allem unter der Aufsicht und Leitung des jeweiligen Abteilungsrichters steht. Besonders prekär war dabei, dass er mit seiner inzwischen fünfköpfigen Familie lange ohne Gehalt blieb und vom Vater finanziell unterstützt werden musste. Seine mehreren Bewerbungen um eine Richterstelle in der Nähe von Berlin, die ihm die anregenden Kontakte zu den Künstlern des „Rütli" erhalten hätte, blieben ohne Erfolg. Endlich, Anfang Juli 1856, erhielt er seine Ernennung als Kreisrichter in Heiligenstadt, der Hauptstadt des thüringischen Kreises Eichsfeld. Acht Jahre verbrachten die Storms hier; sie fassten gesellschaftlich nur sehr langsam Fuß – richtig heimisch wurden sie nie. Immerhin war Storms Richterdienst weniger arbeitsintensiv als in Potsdam. Er hatte wieder Zeit für seine Muse. Er verfasste in dieser Zeit neun Erzählungen und Novellen, darunter die Novelle „Unter dem Tannenbaum", in der sich sein so berühmt gewordenes Weihnachtsgedicht „Von drauß vom Walde komm ich her [...]" findet.

Allüberall auf den Tannenspitzen
Sah ich goldene Lichtlein blitzen ...

– das sind die Tannenspitzen der Wälder um Heiligenstadt! Mit dem vom Vater Casimir Storm geschenkten Klavier zog bei dem Heiligenstädter Kreisrichter die Musik endlich wieder ein. Einmal hatten Storms Besuch eines Jugendfreundes namens Becker, den Storm als einen feinen „Musikkenner" und ausgezeichneten „Begleiter" für seine Musik beschrieb, mit dem er „in den vier Tagen" seines Besuchs „mehr gesungen" habe „als in den letzten vier Jahren."[120] Bei der befreundeten Familie von Wussow erlebte Storm den Berliner Pianisten Gustav Schumann[121], der dort fünf Tage zu Besuch weilte und der „Fremdes und Eigenes" spielte. „Das Fabelhafteste war die Freischützouvertüre, von Liszt arrangiert".[122] Es kam nun auch ein sogenannter „Römischer Abend" zustande. Das war eine kleine Gesellschaft kunstinteressierter Heiligenstädter um die Storms herum, die reihum in ihre Wohnungen zu wöchentlichen Gesprächsabenden einluden.[123] "[...] [W]ir brauchen bloß auf den Boden zu stampfen, und Liebhabertheater, Gesangverein und alles Pläsier einer Provinzstadt wird auf Wunsch aus der Erde schießen", so trumpfte Storm auf[124], und es gelang ihm tatsächlich, auch in Heiligenstadt einen Gesangverein ins Leben zu rufen. „Ich habe ein Singkränzchen gestiftet, das bei einer Tasse Tee alle Montage bei den Teilnehmern wechselt, das aus etwa 14 Sängern besteht und das ich dirigiere", berichtete er nach Hause.[125] Die ersten Mitglieder fanden sich wohl bei den Gesprächsabenden, aber der Verein wuchs rasch und umfasste zuletzt 70 Mitglieder.[126] Die Übungsabende fanden in kleinem Kreis

---

120 Briefe in die Heimat, S. 134.
121 Gustav Schumann (1815–1889), bemerkenswerter Klavierspieler und Lehrer in Berlin.
122 Ebenda S. 135.
123 Blätter der Freundschaft S. 70.
124 Briefe an seine Freunde S. 91.
125 Briefe in die Heimat 26.3.1859.
126 Briefwechsel Storm/Esmarch S. 91; Blätter der Freundschaft S. 59.

und anfangs abwechselnd bei den beteiligten Familien statt, der anwachsende Chor traf dann aber im Rathaussaal zusammen. Im Hause Storm fanden allerdings zusätzlich noch Übungen für Teilbereiche wie Sopran oder Alt statt. Storms musikalisch gut ausgebildete und gesanglich talentierte Frau Constanze sang mit, soweit es ihr Gesundheitszustand zuließ; mehrfache Fehlgeburten und häufiges Kranksein, aber auch beständige Überforderung im Haushalt ließen sie sehr oft ausfallen. Hinzu kam, dass sich gerade in den Heiligenstädter Jahren bei Storms Kindern Fehlentwicklungen zeigten, die wohl hauptsächlich auf eine zu frühe, zu fordernde Erziehung zurückzuführen waren. Theodor Storm pflegte zwar nach außen stets von einer „heilen privaten Welt", von einer harmonischen Familie zu berichten, von seiner besonders innigen und reifen Ehe und von den besonders wohlgeratenen Kindern. David Jackson konnte jedoch zeigen, dass die Jahre in Heiligenstadt alles andere als eine Familienidylle waren.[127]

Seine Chorarbeit mag eine wohltuende Abwechslung davon gewesen sein. „Die Kräfte des Vereins, namentlich für Chorgesang, sind so gut, wie wohl selten in so kleinen Vereinen, und dabei wird die Sache von Allen mit Ernst und Lust betrieben, so dass ich mich jedes Mal auf den Dienstagabend, wo wir abwechselnd bei einem der Mitglieder zusammenkommen, freue, zumal viele nette Leute darin sind. So wird es denn

---

127 David A. Jackson hat die in vieler Hinsicht problematischen Familienverhältnisse in zwei Aufsätzen – dabei die Rolle Storms nicht beschönigend – veranschaulicht, nämlich in „Constanze Storms Heiligenstädter Jahre" und in „Theodor Storms drei Söhne", jeweils in Storm-Blätter aus Heiligenstadt 1999 S. 32 ff. und 2002 S. 19 ff.

auch oft gegen Mitternacht, ehe wir nach Hause kommen".[128] Er war als Chorleiter jetzt deutlich entspannter als in seinen Anfangsjahren, aber dennoch, wenn auch in liebenswürdiger Weise, streng und ließ Fehler nicht durchgehen, und solche entgingen ihm bei seinem feinen musikalischen Gehör nicht. Besonders achtete er auf exakte Einsätze. Dazu gibt es eine kleine Anekdote: Ein treues Mitglied des Vereins war ein Kollege Storms, der um vier Jahre ältere Kreisgerichtsrat Wilhelm Bader. Wegen der Genauigkeit, mit der er einsetzte, wurde er scherzhaft die ‚Gesangvereinsuhr' genannt. Einmal setzte Bader allein ein. Der ganze Chor blickte auf ihn, erfreut, ihn endlich einmal bei einem Fehler zu ertappen. „Nein", sagte der kleine, schon etwas grauhaarige Herr, „ich habe richtig eingesetzt". Eine genaue Prüfung der Partitur ergab, dass er recht hatte.[129] Wichtig für Storm war auch der 15 Jahre jüngere Seminarlehrer Heinrich Reymann. Reymann zeigte nicht nur Verständnis und Respekt für Storms literarische Arbeit, sondern muss auch in musikalischen Fragen über ein kompetentes Urteil verfügt haben; jedenfalls übernahm Reymann, ein vorzüglicher Klavierspieler, die Klavierbegleitung des Chores, während Storm dirigierte. Er war es auch, der ab 1864, als die Familie Storm in ihre norddeutsche Heimat zurückkehrte, den Chor als Dirigent fortführte.[130] Die Probenarbeit war intensiv: Anfang 1863 probte man gleichzeitig für zwei Konzerte zweimal wöchentlich von 19.00 bis 21.00 Uhr.[131]

---

128 Briefe in die Heimat 6.4.1860.
129 Gerhard Jaritz, in: Storm-Blätter aus Heiligenstadt 2005, S. 109.
130 Vgl. zum Vorstehenden: Gerhard Jaritz, Heinrich Reymann, zusammen mit Theodor Storm Chorleiter des „Singkränzchens" in Heiligenstadt, in Storm-Blätter aus Heiligenstadt, 10. Jg., S. 83 ff.
131 Briefe in die Heimat, S. 144, 193.

Ein erstes Konzert fand am 17. März 1860 im Rathaussaal von Heiligenstadt statt; ein weiteres Konzert gab es am 17. Mai 1862, zu dem Storm nach Hause berichtete: „Programm, was vielleicht Mutter interessiert: ‚Frühlingsphantasie' von Niels Gade. Russischer Vespergesang (eine Frauen = Constanze – und drei Männerstimmen) aus Silchers ausländischen Volksmelodien, die drei Heineschen Lieder von Mendelssohn für gemischten Chor, Duett (Pietro und Massaniello) aus der Stummen und Duett mit Chor ‚Liebe Schwestern zur Liebe geboren' aus Don Juan. – Ich dirigiere, habe mich aber gesundheitshalber für dieses Mal vom Solosingen ferngehalten."[132] Es gab eine schnelle Folge von Auftritten im Januar, März und Juni 1863. In den Einladungen wurde auch mit Geselligkeit gelockt: „Nach Beendigung des Conzertes Tanz". Mendelssohn war fast regelmäßig ein Programmpunkt; einmal war es der 42. Psalm und die „Wasserfahrt" und „Türkisches Schenklied", ein anderes Mal Solo und Chor „Es lacht der May" aus der Walpurgisnacht, schließlich wurde auch aus „Paulus" gespielt. Es gab aber auch Solo und Chor aus „Orpheus" von Gluck oder Solo und Chor aus der Zauberflöte von Mozart oder Solo und Chor aus dem „Freischütz" von Carl Maria von Weber, wobei die jeweiligen Solopartien gewiss so gewählt waren, dass sie von Storm persönlich gesungen werden konnten. Daneben gab es auch kleinere Programmpunkte, so etwa Männerquartette von Berger oder Kücken, so etwa Klavier- oder Klarinettenmusik oder Lieder für gemischten Chor von Möhring – und somit insgesamt eine beeindruckend breite musikalische Palette. Storm gewann damit in Heiligenstadt sogar geradezu an Popularität. Sein Freund Ludwig Pietsch beobachtete, dass er von jungen Mädchen umschwärmt wurde, und zwar nicht

---

132 Briefe in die Heimat, S. 185.

nur als Dichter, sondern auch als sangesfreudiger, echt musikalischer Leiter des Gesangvereins.[133] Dagegen wird Storm nichts gehabt haben; ging es ihm doch im Gegenteil zeitlebens darum, sich Geltung, Anerkennung und Wertschätzung zu erkämpfen. „Meinen Gesangverein halte ich treu und regelmäßig alle Freitag Abend, der 42. Psalm von Mendelssohn ist fast ganz eingeübt. Es erquickt mich jedes Mal, wenn ich in dem geräumigen Saal (auf dem Rathaus) den vollen Chorgesang höre. Die Musik wird hoffentlich immer meine treue Begleiterin bleiben."[134], notierte Storm in einem Brief an die Heimat. Ja, die Musik war eben wirklich ein wesentlicher, ein lebensnotwendiger Anteil am Dasein des großen Poeten Theodor Storm!

Der Höhepunkt des musikalischen Wirkens Storms in Heiligenstadt aber war zweifellos das Projekt „Die Zerstörung Jerusalems", von dem bereits eingangs die Rede war. Genauer gesagt kündigte die Einladung folgendes Programm an: „Ausgewählte Chöre, Rezitative und Arien aus dem Oratorium: Die Zerstörung Jerusalem's, von Ferd. Hiller", also eine gekürzte Fassung des Originals. Storm berichtete nach Hause: „Jetzt werden gleichzeitig zwei Concerte vorbereitet. I. Opernsachen aus Glucks Orpheus, Mozart's Figaro und Zauberflöte und Webers Freischütz Akt 1. II. Das große Oratorium: ,Die Zerstörung Jerusalems' von Ferdinand Hiller. Es sind gegen 70 Sänger und Sängerinnen. Zweimal in der Woche von sieben bis neun wird geübt. Wenn Du doch dabei sein könntest, liebe Mutter, es ist nach des Tages Arbeit trotz der körperlichen Anstrengung eine wahre Erquickung."[135]

---

133 Ludwig Pietsch „Lebensskizze", zitiert bei Goldammer, Strom-Blätter aus Heiligenstadt 1995, S. 18.
134 Briefe in die Heimat, S. 190.
135 Briefe in die Heimat, S. 193.

Und dem Schwiegervater schrieb er dazu: „Wir selber leben sehr häuslich, lehnen alle Einladungen ab, gehen aber eifrig in unseren Singverein, wo Hillers Zerstörung Jerusalems mit einem Chor von gegen 60 Stimmen (ein Tertianer, ein Freund von Ernst gehört zu den besten Sopranisten) noch vor Weihnachten zur Aufführung kommt. [...] Heute ist Alt-Probe bei uns; die Übungen sind im Rathhaussaal. Ich wollte Mutter wohl gönnen, dass sie einmal den großen Chor ‚Schon brausen sie daher', die babylonischen Heerscharen nämlich, oder die Klage der Juden: ‚Wir ziehn gebeugt, das Joch auf unserm Nacken', hören könnte".[136] Aus dem Oratorium „Die Zerstörung Jerusalems" von Ferdinand Hiller wurde am 10. März 1864 ein glanzvoller Abschiedsauftritt für den Chorleiter Storm. Dabei bestand zu Beginn der Proben, 1863, – man hatte ja an dem Stück fünfviertel Jahre lang geprobt[137] – für die Storms allerdings noch keinerlei greifbare Aussicht auf Rückkehr nach Husum.

Der heute in Vergessenheit geratene Komponist Ferdinand Hiller (1811–1885) war damals berühmt und mit Künstlerkreisen gut vernetzt. Er war mit Felix Mendelssohn-Bartholdy eng befreundet. Mendelssohn war bekanntlich von 1835–1846 Gewandhauskapellmeister in Leipzig; sein Freund Hiller sprang 1843/1844 für Mendelssohn in dieser Stellung ein; allerdings zerstritten sich die Freunde um diese Zeit. Hillers Oratorium „Die Zerstörung Jerusalems" aber wurde 1844 am Gewandhaus in Leipzig mit großem Erfolg uraufgeführt.[138] Storm muss irgendwie zu Ohren gekommen

---

136 Briefwechsel Storm/Esmarch 6.12.1863.
137 Briefe in die Heimat S. 218.
138 Das vergessene Oratorium wurde nochmals 1911 aufgeführt, und zwar aus Anlass des 100sten Geburtstages von Ferdinand Hiller und ebenfalls am Gewandhaus in Leipzig.

sein, dass es da ein bedeutendes Singstück gab, das vor allem einen großen Anteil an chormäßiger Musik bot, und dürfte die Noten für „Die Zerstörung [...]" bei Breitkopf & Härtel in Leipzig angefordert haben.

Theodor Storm, der bekanntlich Gottglauben zeitlebens entschieden abgelehnt hatte, und nun ein biblisches Singstück? Die Musik muss ihn so fasziniert haben, dass ihn der Text, bei dem es immerzu um die Anrufung Gottes und um seine Gnade und Hilfe geht, nicht weiter störte. Auch „Paulus" oder „Elias", die von ihm geschätzten Mendelssohn-Oratorien, kreisen ja um biblische Themen. – Ein Chorleiter muss seinen Sängerinnen und Sängern den Hintergrund der geprobten Gesangstexte erklären, damit diese aus sicherem Gefühl heraus stimmlich gestalten können. Worum also geht es? Storm wird in der Bibel nachgeblättert und gefunden haben, dass das Oratorium „Die Zerstörung Jerusalems" auf das Zweite Buch Könige, 25 des Alten Testaments zurückgeht. Das biblische Geschehen ist um 588 v. C. in Jerusalem angesiedelt. Dort regiert König Zekedia als Statthalter Babylons. Als er sich von Babylon lossagt, belagern babylonische Krieger unter Nebukadnezar Jerusalem, hungern es aus, nehmen Zekedia gefangen und bestrafen ihn grausam, die Bewohner Jerusalems geraten in babylonische Gefangenschaft, und ganz Jerusalem wird planvoll in Schutt und Asche gelegt. Dieses nicht eben erbauliche, nicht eben einladende Geschehen hatte der jüdische Arzt und Schriftsteller Dr. Salomon Ludwig Steinmann zum Stoff für ein Libretto gewählt, um das herum Ferdinand Hiller dann sein Oratorium gestaltete.

Schon die Aufbereitung eines derart umfangreichen musikalischen Werkes bedeutet für den Chorleiter anstrengende und zeitaufwendige Vorarbeit. Das ungekürzte Oratorium überschritt zeitlich deutlich den Rahmen eines Chorkonzertes in Heiligenstadt. Das heißt aber, Storm musste sich das ungekürzte Oratorium zunächst im Ganzen zu eigen machen, um sicher zu sein, dass er nur musikalisch weniger attraktive Teile ausschied, Glanzlichter aber beibehielt; er musste sicherstellen, dass das, was er beibehielt, den Chor oder seine Solisten nicht überforderte. Er musste dabei im Auge behalten, dass trotz aller Streichungen das Handlungskonzept des Oratoriums erhalten blieb. Da der Chorleiter Storm ja immer auch als Sänger glänzen wollte, musste er die Partitur schließlich auch nach einer ihn wirkungsvoll auszeichnenden Solopartie durchforsten. Es gibt in dem Oratorium „Die Zerstörung Jerusalems" Solopartien für sieben Personen – nämlich für König Zedekia; für Chamital, seine Mutter; für den Propheten Jeremias; für Achicam, einen frommen Israeliten; für Hanna, seine Schwester; für eine israelische Jungfrau; für einen Herold und für einen Flüchtling – und im Wechsel dazu Chormusik für einen Chor der Israeliten (9x), einen Chor der Diener Zedekias (4x), einen Chor babylonischer Krieger sowie einen Schlusschor. Das Oratorium zerfällt in insgesamt 47 Teilstücke, davon 15 Chorkompositionen und 32 Solostimmen oder Duette. Der Handlung nach geht es auch hier darum, dass sich König Zekedia von Babylon losgesagt hat. Der Prophet Jeremias beschwört ihn: „Kehre wieder, abtrünnige Israel, spricht der Herr, so will ich mein Antlitz nicht von Dir wenden und nicht ewiglich zürnen" und prophezeit: „Zion wird zur Wüstenei, in Babels Hand wird sie fallen und Du mit Deinem Volk". Zedekia will dem folgen, doch Chamital, seine Mutter, vertrauend auf Baal, hetzt ihn gegen Jeremias auf. Der Chor der Israeliten und Einzelstimmen frommer Israelis drücken wieder und wieder Besorgnis über den Ungehorsam Zedekias aus, doch immer zugleich Vertrauen auf die Hilfe Gottes. Als babylonische Krieger – mit „Heil, Nebukadnezar …" – in Jerusalem einfallen, da lässt Achicam, der fromme Israelit, erst das Rezitativ hören: „Meine Stärke ist dahin und meine Hoffnung an dem Herrn. Gedenke doch, wie wir so elend und verlassen" und dann die Arie: „Du wirst ja dran gedenken, denn meine Seele sagt es mir; das nehme ich zu Herzen, darum hoffe ich noch." Storm hatte bei der Aufführung ebendiesen Gesangspart des Achicam inne; denn er hatte ja in dem Brief an seine Eltern dazu berichtet: „Auch ich sang noch aus meinem bewegten Herzen ‚Du wirst ja dran gedenken, denn meine Seele sagte es mir'".[139] Achicam hat nach dem Libretto noch weitere Gesänge, so auch ein Duett mit seiner ebenfalls gottvertrauenden Schwester Hanna, doch sind diese Partien offenbar von Storm, dem es gewiss mehr auf den Chorgesang ankam, gestrichen worden. Obwohl Gott keineswegs einschreitet, vielmehr die Babyloner Zedekias Söhne vor dessen Augen grausam töten, Zedekia selbst blenden und in Ketten abführen, Jerusalem zerstören und seine Bewohner abführen, endet das Oratorium mit diesem Schlusschor: „Gott ist ewig. Ihr Gerechten, preiset den Herrn und danket ihm und preist seine Heiligkeit! Amen!"

---

139 Wie Fußnote 1.

Zweiter Husumer Chor (1864–1880)

Einen erneuten Umbruch im Leben Theodor Storms markierte das Jahr 1864. Preußische und österreichische Truppen hatten in raschem Vorstoß die Dänen aus Holstein und Südschleswig bis hinter die „Düppeler Schanzen", die bei Düppel angelegte dänische Befestigungslinie, zurückgetrieben, und mit der Erstürmung auch dieser Befestigung war Dänemark geschlagen. Der Rückzug der Dänen hatte zur Folge, dass in den befreiten Gebieten alle dänischen Beamten aus ihren Ämtern verjagt wurden. In dieser Situation kehrte Theodor Storm aus dem preußischen Exil in die Heimat zurück und übernahm im März 1864 dort das Amt des Landvogtes. Der Landvogt war ein angesehener, wegen seiner weitreichenden Kompetenzen bisweilen gefürchteter und durchaus wohlhonorierter Posten.[140] Storm mietete ein behagliches Haus. Sein neues Amt nahm ihn sehr in Anspruch, doch stellte sich sehr bald ein reges geselliges Leben um die Storms ein. Er ließ sich auch nicht lange bitten, seine frühere Tätigkeit als Chorleiter wieder aufzunehmen.

„Ich habe hier schon seit längerer Zeit einen Gesangverein von 40 bis 50 Mitgliedern im Gange und denke nächsten Konzert zu geben", so einer seiner Briefe mit der Anmerkung, dass unter anderem Mendelssohns 72. Psalm zur Aufführung kommen solle.[141] „Ihr seht, dass ich mir's überall zu schaffen suche, was ich zum Leben brauche", bedeutete er seinem Freund Ludwig Pietsch[142] – ja, die Musik war es, die er zum

---

140 Näheres dazu bei Mückenberger, „Theodor Storm – Dichter und Richter", S. 147 ff.
141 Vom 02.05.1864 an Christoph von Tiedemann, vgl. Chronik S. 43.
142 Blätter der Freundschaft, S. 147.

Leben brauchte, die ihm neben seinen vielen sonstigen beruflichen wie poetischen Arbeiten eine unverzichtbare Kraftquelle war. Mittlerweile ausgestattet mit reichen Erfahrungen in der Führung von Gesangvereinen, wird Storm die zahlreichen neuen Mitglieder über Zeitungsanzeigen im Husumer Wochenblatt rasch zusammengestellt haben. Es gab jetzt – vermutlich zur Anerkennung des Vereins als gemeinnützig und damit aus steuerrechtlichen Gründen – ab Februar 1865 auch formell „Statuten des Singvereins in Husum", deren § 1 besagte: „Grund des Singvereins ist die Einübung und die zeitweilige öffentliche Aufführung gediegener Gesangswerke für gemischten Chor."[143] Der Verein hatte einen Vorstand, dem neben Storm, der für musikalische Angelegenheiten allein zuständig blieb, die Herren Dr. Matthiessen, Lehrer Beerbaum und Weinhändler Werner sowie die Damen Mathilde Hennings und Charlotte Storm angehörten.[144] In einem Zeitungsaufruf vom 22.03.1865[145] warb der Verein um passive Mitglieder, die bei bestimmten Vierteljahresbeiträgen gewisse Vergünstigungen erwerben sollten, das heißt, der Verein war bestrebt, sich eine breitere finanzielle Grundlage für notwendige Unkosten für Notenbeschaffung, Saalmieten oder dergleichen zu verschaffen.

Bis zum ersten Konzert bedurfte es offenbar doch einer längeren Formung des neuen Chores, denn dieses konnte erst am 31. März 1865 im Saal der Witwe Caspersen stattfinden. Es gab, wie angekündigt, neben anderen Stücken, den 72. Psalm von Mendelssohn-Bartholdy. Bei diesem Konzert kam es zu einem Missgeschick, denn das ältliche Klavier war aufgrund einer fehlerhaften Dämpfung von den Sängern kaum

---

143 Sievers S. 91.
144 Siehe Aufruf Husumer Wochenblatt vom 22.03.1865.
145 Husumer Wochenblatt vom 22.03.1865.

mehr zu hören. „Denk Dir den Spaß in einer Mendelssohnschen Fuge! Jetzt aber sind wir tollkühn genug, einen großen Konzertflügel anschaffen zu wollen [...]".[146] Der Gesangverein erreichte in dieser Zeit den Höhepunkt seiner musikalischen Leistungskraft; in den folgenden zehn Jahren fanden seine Konzertdarbietungen „den ungeteilten Beifall bei dem Publikum, das zu den Aufführungen sich stets sehr zahlreich einstellte".[147]

Kurz darauf aber, am 20. Mai 1865, starb Storms Frau Constanze nach der Geburt ihres siebten Kindes am Wochenbettfieber. Dies war ein schwerer Schicksalsschlag für Storm. Neben ihren vielfachen aufopfernden ehelichen Aufgaben war Constanze, was hier interessiert, mit ihrer angenehmen Alt-Stimme immer eine Unterstützerin in der Chorarbeit ihres Mannes und ein von jedermann geschätztes Chormitglied gewesen. Darum auch baten ihn die Mitglieder des Gesangvereins darum, sie zu Grabe tragen zu dürfen.[148] Über Constanzes Tod in tiefe Niedergeschlagenheit versunken, war es die Musik, die Theodor Storm aufhalf. Nach Constanzes Beerdigung suchte er daheim Trost, indem er stundenlang Klavier spielte, so berichtete Tochter Gertrud Storm.[149] Nur einige Monate später konnte er seinem Freund Ludwig Pietsch schreiben: „Das Musiktreiben ist mir jetzt eine rechte Erquickung, die Musik ist in Wahrheit meine treueste Begleiterin im Leben gewesen. Ich wollte, Du hörtest diese Eichendorffschen Romanzen von Schumann für Chor. Es läuft einem kalt über."[150] Eine hilfreiche Ablenkung und nachhaltige Belebung

---

146 Brief an Ludwig Pietsch vom 07.04.1865, Blätter der Freundschaft, S. 159.
147 So Rohweder, a. a. O. zweites Blatt.
148 Blätter der Freundschaft, S. 161.
149 Gertrud Storm, Bd. II, S. 112.
150 Blätter der Freundschaft, 31.10.1865, S. 169 f.

für Storm war auch das bereits erwähnte Zusammentreffen mit Turgenjew in der ersten September-Hälfte 1865 in Baden-Baden gewesen, das Freund Pietsch zuwege gebracht hatte, und das Storm dort – wie schon erwähnt – im Hause Viardot für seinen Gesang ein großes Lob eingebracht hatte.[151]

In der Folge von Theodor Storms wachsendem Dichterruhm beschäftigten sich immer mehr Musiker mit Vertonungen seiner literarischen Werke. Hervorzuheben sind am ehesten die Vertonungen von „Über die Heide hallet mein Schritt" durch Johannes Brahms, von „Nelken" durch Max Reger (op. 15 Nr. 3, 1894) und „Die Nachtigall" (1907 in 7 frühe Lieder) von Alban Berg. Eine gründliche und dennoch, wie er klarstellte, nicht vollständige Erfassung durch Robert Wendt[152] wies für das Jahr 1917 mehr als 800 Vertonungen von Storm-Gedichten auf. Die wenigsten der ihm zugesandten Versuche gefielen Storm. Von der kritischen Würdigung der Kompositionen Bettina von Arnims, aber auch von der liebevollen Aufnahme der Aufnahme von Clara von Goßlers Liedern war bereits die Rede. Gegen Ende des Jahres 1865 erhielt Storm einen Klavierauszug zugesandt, der eine Vertonung seines „Schneewittchen"-Märchens enthielt. Genauer gesagt blieb das Märchen ein auf die erste Szene beschränkter Torso, der aber mit Storms „Sommergeschichten" 1851 bei Duncker veröffentlicht worden war. Die Vertonung hatte ein junger Komponist namens Hermann Goetz (1840–1876) besorgt, der auch „Oktoberlied", „Juli" und „Morgens in der Dämmerung" von Storm vertont hatte. „Ich habe die Partitur mir gestern angesehen, es hat mich durchaus angeheimelt, vielleicht ist es der Komposition zugutege-

---

151 Rundschreiben Storm vom 11.09.1865, bei Gertrud Storm Bd. 2 S. 118 ff.
152 Wendt, S. 92 ff.

kommen, dass Sie sie im Walde konzipiert haben. Nur eine Besorgnis habe ich für die Wirkung der Szene – dass zu viel Einzelgesang darin ist. Doch muss man erst hören."[153] So dankte Storm dem Komponisten brieflich am 26. November 1865. Der Aufforderung des Goetz gegenüber, das Märchen doch fertigzustellen und ihm für eine restliche Vertonung zuzusenden, fand sich Storm aus mehrfachem Grunde nicht aufgeschlossen; immerhin deutete er schon an, worauf es ihm für eine Fortsetzung ankäme, nämlich keine Erzählstimme, nicht zu viel Einzelgesang, dagegen viel Chormusik, märchenhafte, nicht etwa opernhafte Gestimmtheit.[154] Storms langer Brief an Goetz lässt Sympathie für dessen musikalische Arbeit erkennen. Zu einer weiteren Vertonung kam es jedoch nicht mehr – Goetz starb im Alter von 35 Jahren an Tuberkulose. Und Hermann Goetz, damals 24 Jahre alt, war ein Musiker von sprudelnder Kreativität. Er hinterließ zahlreiche Klavierkonzerte, Kammermusiken sowie Kompositionen für Solostimmen, Chor und Orchester und Liedvertonungen. Gründlich ausgebildet war seine musikalische Heimat zwischen Mendelssohn, Schubert und Brahms angesiedelt. Er erlebte noch eine höchst erfolgreiche Aufführung seiner Oper „Der Widerspenstigen Zähmung" in Mannheim.[155] Heutzutage kennt ihn niemand mehr.

Der von Theodor Storm geführte Chor veranstaltete in den Jahren 1865–1880 insgesamt 26 Konzerte. Darin zeigt sich sowohl, dass der Chor in der Zwischenzeit über ein breites musikalisches Repertoire verfügte, als auch, wie groß der Einsatz des Chorleiters war.

---

153 Brief an Goetz vom 26.11.1865, bei Goldammer, I , S. 475 f.
154 Wie Fn, 111.
155 Tschierpe S. 76.

„Meine beste Freude ist, wie in Heiligenstadt, mein Gesangverein; wir werden nächstens etwa die Hälfte von Glucks Iphigenie in Tauris machen. Ich habe einen Bariton ersten Ranges – er könnte Schumanns ‚Blondels Lied' vor dem ersten Publikum Europas singen – für den Orest, mich selbst für den Pylades und eine vorzügliche Sopransängerin für die Iphigenie ..."[156]

Am 22. Januar 1871, abends acht Uhr, fand ein Auftritt des Gesangvereins im Saal des Herrn Bydekarken statt.[157] Das Programm dieser Veranstaltung „Zum Besten der Verwundeten" sah vor:[158]

1. *Fantasie zu 4 Händen in F-Moll für Pianoforte, von R. Schubert;*
2. *‚Nicht so ganz wirst Du meiner vergessen'. Kirchenstück für Chor, mit Klavierbegleitung von M. Hauptmann;*
3. *Die Nonne, für gemischten Chor von Robert Schumann;*
4. *Sommerlied von Rückert. Für gemischten Chor von Robert Schumann;*
5. *Schön Hedwig. Ballade von Hebbel, Deklamation mit Pianoforte von Robert Schumann;*
6. *‚Im Rosenbusch' von Hoffmann von Fallersleben, für gemischten Chor von Adolph Möller;*
7. *Abschied vom Walde, von Eichendorff, für gemischten Chor von Mendelssohn-Bartholdy;*
8. *Andenken. Für gemischten Chor von Mendelssohn-Bartholdy;*

---

156 Blätter der Freundschaft, S 196.
157 Bydakarken war der Besitzer des Husumer Hotels ‚Stadt Hamburg'; seine Frau war Chormitglied.
158 Husumer Wochenblatt vom 21.011871, zitiert bei Sievers S. 95 f.

9. *Altdeutscher Schlachtgesang: ‚Kein sel'ger Tod ist in der Welt', für einstimmigen Männergesang mit Klavierbegleitung von Julius Rietz;*
10. *Die Wacht am Rhein von M. Schneckenberger, komponiert von Carl Wilhelm, für gemischten Chor arrangiert von Adolph Möller.*

In einer Besprechung des Husumer Wochenblattes vom 25.01.1871 hieß es dazu: „Das am verflossenen Sonntage vom hiesigen Gesangverein zum Besten der Verwundeten gegebene Concert erfreute sich eines zahlreichen Besuches, so dass der Byrdenkarken'sche Salon die Menge der der Zuhörer kaum zu fassen vermochte und eine erkleckliche Summe für den gedachten mildthätigen Zweck wird eingeliefert werden können. Die vorgetragenen Piecen wurden mit großem Beifall aufgenommen ...".[159] Neben diesem leider nicht ins Detail gehenden Bericht finden sich heute im Übrigen keine Besprechungen der zahlreichen Chorkonzerte mehr.

Storm hatte seiner Tochter Lisbeth geschrieben: „In unserem Gesangverein haben wir heut Generalprobe; morgen Konzert ... Ich spreche im Konzert die Hebbelsche Ballade ‚Schön Hedwig' mit Schumannscher Musik."[160] Ja, aber was bedeutet das? Kein Stormsches Tenor-Solo in dem breit angelegten Gesangsprogramm dieses Abends? Recht ungewöhnlich! Hatte etwa die Stimmgewalt des 54-Jährigen nachgelassen? Adolph Möller hingegen, der Freund und geschätzte Helfer Storms, er hatte einen bedeutsam gewachsenen Anteil an diesem Konzertabend: Er war, wahrscheinlich gemeinsam mit Pauline Petersen, einer der vierhändig spielenden Pianisten; und die Nummern 6 und 10 des Programmes erweisen ihn als Komponisten bzw. als Arrangeur.

---

159 Ebd.
160 Briefe an seine Kinder, vom 21.01.1871.

Storm wollte die Musik natürlich auch seinen Kindern nahebringen. Zeitweilig gab er der Tochter Lisbeth und dem Sohn Hans Klavierstunden; manchmal hatte Storm auch selbst gemeinsam mit seinen zwei Kindern bei dem Musiklehrer Adolph Möller noch Unterrichtsstunden in Harmonielehre: „Morgen haben wir darin die fünfte Stunde bei Möller ... Wenn die Stunde um ist, haben wir drei immer ganz heiße Köpfe, denn die Sache hat mehr mit Mathematik die größte Ähnlichkeit, wohin aber unser Talent nicht geht".[161] Storms häusliche Musikpädagogik fand aber allein bei seinem dritten, 1853 geborenen Sohn Karl Anklang. Karl, in der Familie „Losche" genannt, war ein schwächlicher Junge mit einer ausgeprägten Lernschwäche. Storm konstatierte bei ihm „eine trostlose Unfähigkeit beim Übersetzen aus dem Lateinischen", er schätzte aber die liebenswürdige, feinsinnige Wesensart des Jungen. Einmal spielte Storm für den kranken Sohn ein Präludium von Chopin, und der beeindruckte beim Zuhören den Vater mit der Bemerkung: „Da ist so eine feine Stimme, und dann kommt eine grobe und spricht mit ihr".[162] Von seinem zehnten Lebensjahr an hatte Karl Klavierunterricht. Er war mit Freude bei der Musik, kam aber kaum voran. Er hatte die größten Schwierigkeiten, Figuren zu spielen, bei denen die rechte und die linke Hand verschieden waren und behalf sich dann gelegentlich, indem er eigene Begleitfiguren erfand. „Der Verstand, das Konzentrationsvermögen ist bei ihm noch immer hinter den angeborenen Talenten zurück", schrieb Storm seinem Schwiegervater.[163] Immerhin blieb Karl über die Jahre beim Klavierspiel. Einer seiner Lehrer entdeckte an Karl eine wundervolle Singstim-

---

161 Zit. bei Fey, Theodor Storm als Komponist, STSG 6, S. 49.
162 Storm/Esmarch, 21.06.62.
163 Storm/Esmarch, 06.12.63.

me. Aus seinem Gesang tönte dasselbe, was sein Klavierspiel belebte, nämlich eine tiefe, hingebungsvolle Auffassung. Jedoch machte eine Erkrankung der Bronchien die Hoffnung, dass Karl eine gesicherte Zukunft als Gesangslehrer haben könnte, zunichte.[164] Für Storm war Karl unter seinen Kindern der Einzige mit einer Künstlerseele – das Sorgenkind mit der Künstlerseele. Schon als zehnjähriger Knabe immerhin hatte Karl Reime verfasst, so auch sein anrührend-kindliches Gedicht, das Storm später in die Novelle „Ein stiller Musikant" einbrachte:[165]

> *Du liebe schöne Gotteswelt,*
> *Wie hast du mir das Herz erhellt!*
> *So schaurig war's noch kaum zuvor,*
> *Da taucht ein blauer Schein empor;*
> *Der Rasen hauchet süßen Duft,*
> *Ein Vogel singt aus hoher Luft:*
> *‚Wer treuen Herzens fromm und rein,*
> *Der stimm in meine Lieder ein!'*
> *Da sang auch ich mit frohem Mut;*
> *Ich wusste ja, mein Herz war gut.*

Einmal auch hatte Vater Storm für ein Gedicht von Johannes Deethmann, „Abendglocken läuten", eine Melodie entworfen, und Karl setzte diese Melodie dann in Harmonie, was ihm gut und ohne Fehler gelang.[166] Eine Zeitlang hatte Karl Klavierunterricht bei Adolph Möller. Als Möller ausfiel, übernahm es Theodor Storm, seinem Sohn Klavierunterricht zu geben. Das geschah regelmäßig nachmittags von fünf bis sieben Uhr. Beide spielten regelmäßig vierhändig Symphonien von Haydn und Mozart. „Es ist eine große und angreifende

---

164 Tönnies, a. a. O., S. 41 f.
165 Tönnies, a. a. O., S. 41 f.
166 Storm/Esmarch, Nr. 23, 17./18.02.1870.

Geduld-Arbeit, aber ich kann nicht denken, dass sie vergebens sein sollte"[167], so Storm über diese Klavierstunden.[168] Leider fehlte es Storm als Musiklehrer an dem, was sein langsamer Sohn am meisten brauchte – an Geduld –, und so wurde er oft heftig. Zorn und Ungeduld rissen ihn auch dazu hin, Karl zu schlagen; seine Novelle „Der stille Musikant", die nach seinem Sohn Karl gezeichnet ist, wird man auch als eine Art Abbitte für solche Ungeduld ansehen dürfen. Ernster und beanspruchender Umgang mit Musik war für Theodor Storm damit auch im häuslichen und erzieherischen Bereich üblich. Karl übrigens trat Ende April 1871 seine Weiterbildung als Pianist am Konservatorium in Leipzig an. Einige Jahre später siedelte er an die Stuttgarter Musikhochschule über. Nach dem Abschluss seiner Studien ließ er sich erst in Oldenburg, dann dauerhaft und mit besserem Erfolg in der anmutigen Nachbarstadt Varel als Musiklehrer nieder. Er wurde nur 46 Jahre alt.

Verwunderlich ist, dass Gesang bei den von Storm so oft und dabei so emotional beschworenen Weihnachtsabenden seiner Kindheit und seiner eigenen späteren Familie überhaupt nicht vorkam. Antje Erdmann-Degenhardt hat in ihrer Studie „Weihnachten bei Theodor Storm" mit großer Gründlichkeit alles zusammengetragen, was in den Gedichten, den Novellen und den Briefen Storms oder sonst zu diesem Thema zu finden ist. Weihnachten scheint für Storm eine Herzensangelegenheit gewesen zu sein, für die er auf bestimmte, traditionelle Elemente nicht verzichten wollte. Unermüdlich schrieb der sonst so intellektuelle und bildungsaffine Schriftsteller in Briefen der Weihnachtszeit in geradezu kitschig-verklärender Art über die Größe des Tannenbau-

---

167 Storm/Esmarch, Nr. 32, 25.06. – 04.07.1870
168 Wie Fn. 167.

mes, das Vergolden von Nüssen, das Netze-Schneiden, den „Märchenzweig", über die „braunen Kuchen" und ließ sich darüber aus, welche kleinen Gaben er wem hinlegen werde – eine überraschende Engstirnigkeit, für die Fontanes ironische Anspielung der „Husumerei" noch recht schmeichelhaft erscheint. Aber bei allen minutiösen Schilderungen der Abläufe der Weihnachtsabende kommt, wie gesagt, Gesang nicht vor. Dabei gibt es doch so viele, so schöne und zum Teil auch recht anspruchsvolle Weihnachtslieder! Und Singen vor dem Tannenbaum sorgt doch so sehr für eine dichte familiäre Stimmung! Und immer sangen ja auch Gruppen von Kindern vor der Haustür und wurden dort mit Gaben von Gebäck belohnt. Erst über Storms letztes Weihnachten im Dezember 1887 in Hademarschen berichtete Gertrud Storm darüber, dass sein Sohn Karl, der Klavierlehrer aus Varel, zur Familie hinzugekommen war und am Weihnachtsabend am Klavier leise „Stille Nacht, heilige Nacht" intonierte, was dann allerdings den Vater in Trauer und Tränen um den in diesem Jahr verstorbenen Sohn Hans versetzte.[169]

---

169 Gertrud Storm, Theodor Storm, Ein Bildnis seines Lebens, Bd. II, S. 237.

Notenbeschaffung

Es ist bemerkenswert, dass sich Storm solch eine breite Kenntnis seiner Gegenwartsmusik verschaffte, immer wieder neues Material für seine Chorarbeit ausfindig machte und das dazu nötige Notenmaterial beschaffte. Eine wichtige Informations- und Lieferquelle waren für ihn der Musikverlag Breitkopf und Härtel und die Musikalienhandlung Kistner, beide in Leipzig. Er hatte dort Noten angefordert und gewiss nicht versäumt, bei der Gelegenheit auf seine Chorleitertätigkeit hinzuweisen und um Hinweise auf geeignetes weiteres Notenmaterial zu bitten. Aber er zögerte auch nicht, seine Bekannten um Hilfe zu bitten. Es gab außerdem viele Musikfreunde, die Dichtungen des inzwischen berühmten Poeten Theodor Storm vertonten und ihm ihre Vertonungen zuschickten. So hatte etwa der bereits erwähnte Hermann Goetz auch die Gedichte „Oktoberlied", „Juli" und „Morgen in der Dämmerung" vertont.

Aber Storm nahm auch von sich aus Musikfreunde zu in Anspruch: „Den Brief an Krigar besorgst Du wohl; er soll mir Noten schicken für meinen Verein", so schrieb Storm am 31.10.1865 nach Berlin an seinen Freund Ludwig Pietsch.[170] Dieser Hermann Krigar (1819–1888) war in Leipzig unter Mendelssohn, Schumann und anderen musikalisch ausgebildet worden. Nach Berlin zurückgekehrt, hatte er in den 50er Jahren einen Gesangverein gegründet. 1854–1857 leitete er die renommierte Neue Berliner Liedertafel. Außerdem trat er als Komponist hervor. Er war feinsinnig und vielseitig gebildet.[171] Der zu dieser Zeit in Berlin als Gerichtsassessor

---

170 Blätter der Freundschaft S. 169 f.
171 Robert Eitner, in: Allgemeine Deutsche Biographie, Bd. 17 (1883) S. 171.

tätige Theodor Storm suchte vermutlich den Kontakt zu Krigar von sich aus; daraus ergab sich eine vertrauensvolle Beziehung. Beide musizierten jedenfalls auch zusammen, und „Freund Krigar" wurde von Storm ja als Gewährsmann für die Qualität seines Tenors benannt.

Um Unterstützung für seinen Chor ging Storm auf den in Leipzig als Gewandhausdirektor tätigen Musiker und Komponisten Carl Reinecke zu. Die Verbindung zu dem sieben Jahre jüngeren Reinecke dürfte über dessen Vater zustande gekommen sein, der in Segeberg als Musiklehrer am dortigen Lehrerseminar arbeitete. Wenn Storm in Segeberg, der Heimatstadt seiner Frau Constanze, zu Besuch war, versäumte er nicht, den Vater Reinecke aufzusuchen, sich in Fragen des Gesanges beraten zu lassen und mit ihm zu musizieren. Darüber schrieb er an seine Frau am 22. Juli 1859, er habe den Unterricht seiner Kinder unterbrechen müssen, „um das Mendelssohnsche ‚An des luft'gen Brunnens Rand' mit Lolo bei Reinecke zusammen zu singen. Könntest Du mich doch jetzt hören! Schöner habe ich in meinem Leben nicht gesungen".[172] Er schrieb ihr übrigens aus Segeberg später auch: „Gestern saßen wir bis gegen Mitternacht um zu plaudern; vorher hatte ich gesungen. Meine Stimme, da ich keine Akten durchwühle, ist so schön und kraftvoll wie nur je, so dass ich alle, namentlich Stolle, durch meinen Gesang entzücke".[173] Carl Reinecke, sein Sohn, hatte in der Folge der väterlichen Ausbildung eine glänzende Laufbahn zuerst als Pianist, dann aber auch als Komponist und als Dirigent gemacht; er war als Nachfolger Mendelssohns 35 Jahre lang der Leiter des Gewandhausorchesters in Leipzig und daneben auch der Leiter des hochgeachteten

---

172 Bei Fey, Storm und sein Landsmann Carl Reinecke, STSG Heft 5, S. 43.
173 BW St./C. Fasold, II, S. 150.

Leipziger Konservatoriums. Storm leitete 1868 die Bekanntschaft mit Carl Reinecke durch einen Brief ein, dem er einen Novellenband beifügte; Reinecke dankte mit einem Brief vom 28. Mai 1868 in herzlichem Ton und fügte für Storms Kinder seine Komposition einer Ouvertüre zu Hoffmanns Märchen ‚Vom Nussknacker und Mausekönig' und speziell für Karl ein Heftchen einfacher zu spielende Bachstücke bei. Nach einigen freundschaftlichen Briefen mit viel privatem Austausch schrieb er am 06.12.1868 unter eingehender Beschreibung seines Chores und dessen Möglichkeiten: „Ich komme mit einer kleinen Bitte zu Ihnen […] Aber nun weiter! Vielleicht wären Sie so gütig, außer einer kleinen Liste an mich, zugleich an Fr. Kistner, mit dem ich in Verbindung stehe, ein Zettelchen mit einigen Titeln zu schicken von Sachen, die Sie vorzugsweise geeignet halten. Gibt es nichts von Ihnen? Sie müssten für den Konzertsaal einmal etwas Märchenhaft-Sinniges schreiben, so eine Nussknacker-Musik in größerer Entfaltung […] Darf ich noch schließlich bitten, meine Bitte möglichst bald zu erfüllen, da ich notwendig bis Neujahr mit Stimmen und allem in Ordnung sein muss?"[174] Reinecke kam der Bitte mit dem Schreiben vom 07. Dezember 1868 nach: „Sie stellen mir eine schwere Aufgabe, denn in diesem Zweige der Literatur gibt's nicht gar so viel. Doch will ich versuchen, Ihnen einiges zu nennen.

Zwei französische Volkslieder für Sopran, Alt, Tenor und Bass a capella (sehr reizend), Breitkopf & Härtel, Leipzig
Cherubini, Chor aus ‚Blanche de Provence' für weiblichen Chor mit Pianoforte (Leipzig, bei Peters)
Gade, Frühlingsbotschaft, für Sopran, Alt, Tenor und Bass mit Pianoforte (Leipzig, bei Breitkopf & Härtel)

---

174 Goldammer, I, S. 539 ff. (Kistner ist eine Leipziger Musikalienhandlung).

Hauptmann, Drei Kirchenstücke für Sopran, Alt, Tenor und Bass mit Pianoforte
1. *Und Gottes Will ist dennoch gut*
2. *Nicht so ganz wirst du meiner vergessen*
3. *Textanfang mir unbekannt.*
Hauptmann, Lauda anima mea für gemischten Chor a capella (Leipzig, bei Siegel)
Cherubini, Requiem (ausschließlich für gemischten Chor)
Hiller, Gesang der Geister über den Wassern (für gemischten Chor und Pianoforte, Berlin, bei Trautwein)
Beim Abschied zu singen, von Robert Schumann, für gemischten Chor und Pianoforte,
Mendelssohn, Ave Maria aus ‚Loreley' für Sopransolo und weiblichen Chor,
Chor mit Solo (Sopran) aus ‚Castor und Pollux' von Rameau (sehr interessant und niedlich) Leipzig, bei Breitkopf & Härtel.
Von mir gibt es eine ganze Menge, ich nenne Ihnen
a) *für gemischten Chor mit Pianoforte*
   Ein geistliches Abendlied für Tenor-Solo und Chor, op. 50 (Leipzig, bei Siegel)
   Ave Maria (deutsch) op. 60, Berlin, bei Trautwein,
b) *für gemischten Chor ohne Begleitung*
   fünf Lieder op. 14, Leipzig, bei Breitkopf & Härtel
   fünf Lieder op. 58, Leipzig, bei Siegel,
   fünf Lieder op. 80 (die besten), Leipzig, bei Rieter-Biedermann,
c) *für weiblichen Chor mit Pianoforte*
   Gesänge der Zwerge aus ‚Schneewittchen', op. 55, Leipzig, bei Seitz,
d) *für weiblichen Chor ohne Begleitung*
   vier Lieder op. 71, Leipzig, bei B. Senff."

Theodor Storm dankte brieflich zwei Wochen darauf und meldete, dass ein Teil der Noten schon angelangt seien. „Wir werden beginnen mit Ihrem Abendliede, wovon ich das Solo gut singen kann".[175] Storm und Reinecke blieben zeitlebens freundschaftlich verbunden. Neben der gemeinsamen Musikliebe teilten sie das Schicksal, dass beide ihre Ehefrauen frühzeitig verloren und mit jeweils sieben Kindern zurückblieben. Reinecke vertonte Storms „Meine Mutter hat's gewollt" und fügte diese Komposition in seine einaktige Oper „ein Abenteuer Händels" ein,[176] außerdem „Vom Himmel in die tiefsten Klüfte".[177]

In späteren Jahren bezog Storm alle Noten für seinen Gesangverein über das Musikhaus Benrath. Hermann Benrath in Hamburg war der Inhaber einer Buch- und Notendruckerei und der Herausgeber einer Musikzeitung. Er war zudem der Verleger der Komposition des Hamburger Kaufmannssohnes Ludwig Scherff, der ein entfernter Verwandter und langjähriger Freund Theodor Storms war. Durch Ludwig Scherff wurde Storm mit Benrath bekannt. Zwischen beiden kam es über das gemeinsame Interesse an „der holden Kunst" schnell zu einer verständnisinnigen Freundschaft, und Benrath war bald in allem, was Musik betraf, ein Ratgeber Storms. Die Witwe Benraths überließ Gertrud Storm eine Reihe von Briefen zur Veröffentlichung. Aus diesen Briefen geht hervor, dass[178] Storm bei Benrath am 24. Juni 1871 für den Gesangverein die Noten für die Taubersche Medea und für sich selbst die neueste Auflage von Richters Harmonielehre bestellte. Am 24. Januar 1872 bezog er für ein bevorstehendes Konzert einige Doppelstücke von Klavieraus-

---

175 Für alle vorstehenden Angaben: Hermann Fey, Theodor Storm und sein Landsmann Carl Reinecke, Schriften der Theodor-Storm-Gesellschaft, Heft 5, 1956, S. 43 ff.
176 Fey S. 54, der in einer Fußnote erwähnt, dass dieser Text mehr als 80-mal vertont worden ist.
177 Wendt S. 107.
178 Im Storm-Archiv Husum einsehbar.

zügen oder Klavierpartituren, darunter: Hiller, „Gesang der Geister über Wasser"; Schumann „Es ist bestimmt op. 51"; Blanche de Provence, Choeur p. 3 Voix des femmes „Schlaf, edles Kind", außerdem für das nächste Konzert von Ludwig Scherffs „Schon färbt der Rain sich bunter" die Noten für 28 Sopranstimmen, zehn Altstimmen, sieben Tenöre und acht Bässe nebst Partitur. Dazu schrieb er: „Sie könnten mir gern mal etwas mit Bass-Solo schicken".

Der Storm-Forscher Walter Zimorski entdeckte vor einigen Jahren in Varel, wo Storms Sohn Karl bis zu seinem Tod im Jahre 1899 als Klavier- und Gesangslehrer gelebt hatte, noch Musikalien der Familie Storm. Darunter fand sich das Notenalbum zu dem Oratorium „Paulus" mit der Signatur „Storm", das der Vater offenbar seinem Sohn zu dessen Geburtstag geschenkt hatte, aber auch weitere Materialien, die Karl nach dem Tod seiner Tante Helene oder seines Vaters zugefallen waren, so ein Sammelalbum mit u.a. dem „Myrthenkreis-Liederkreis für Gesang und Pianoforte" von Robert Schumann, ein weiteres von Storm signiertes Sammelalbum mit Mendelssohns „Ouverture von der schönen Melusine" und Chopins „Trois Nocturnes" für Pianoforte sowie einiges weitere Notenmaterial aus dem Nachlass Theodor Storms.[179]

---

[179] Zu alldem Zimorski in: Schriften der Theodor-Storm-Gesellschaft, Bd. 46/1997, S. 95 ff.

Unstimmigkeiten

Im Großen und Ganzen hielt die allseitige Begeisterung für die gemeinsame Arbeit an der Musik den Chor zuverlässig zusammen. Es gab aber auch störende Zwischenfälle, die der Chorleiter vermutlich hätte vermeiden können.

Im Herbst 1868 hatte Theodor Storm für den Schluss eines ernsten Konzertprogrammes das Studentenlied „Als wir jüngst in Regensburg waren" vorgesehen. Unter den Chordamen kam schon bei den Proben Protest auf; die Damen hielten das Stück für unmoralisch. Thema des beanstandeten Liedes ist eine Art Jungfräulichkeitstest: Eine Fähre über die Donau nämlich bringt Jungfrauen ungefährdet über den Fluss, ein adliges Fräulein mit Liebeserfahrungen aber wird in den Grund des Flusses gezogen. Was Storm bewogen haben mag, dieses musikalisch wie textlich eher banale Lied überhaupt in sein sonst anspruchsvolles Programm aufzunehmen, muss offen bleiben; er beharrte aber zornig auf dem Lied und meinte, man könne ihm doch zutrauen, nichts Unpassendes darzubieten. Der Konflikt schwelte unbereinigt fort und führte schließlich zu einem Eklat: Am Konzertabend zu Beginn des letzten Stückes verließen sämtliche Damen offenbar verabredungsgemäß und ostentativ das Podium. Dies aber brachte Theodor Storm so auf, dass er die Leitung des Gesangvereins niederlegte. Für eine gewisse Zeit beriefen die Mitglieder ersatzweise einen Mann aus Berlin als Chorleiter. Der blieb aber nicht lange. Trotzdem fanden die Beteiligten nicht selbst zu einer Verständigung. Um den Chor zu retten, schaltete sich schließlich der allseits beliebte und engagierte Probst Caspers als Vermittler ein. Der lud die Streitparteien – also Storm auf der einen und wohl Frau Dr. Petersen auf der anderen Seite – zu einem freundschaftlichen Mittagessen; dabei wurde die Sache geschlichtet und Storm blieb Leiter.[180] In einem Brief an seinen Sohn Karl stellte er jedoch sich selbst als den großzügig Einlenkenden dar: „Da kam es plötzlich über mich, dass ich aufstand und mit meinem Glas an den anderen Tisch ging, wo die Dr. Petersen mit ihrem Mann saß. Ich bot ihr die Hand und sagte: ‚Wollen wir auch miteinander anstoßen und nachher wieder miteinander singen?'. Sie wurde wie mit Blut übergossen; dann stand sie auf und gab mir herzlich ihre Hand, so auch ihr Mann [...]".[181] Diese Selbstinszenierung lässt vermuten, dass ihn der Streit doch tiefer in seinem Stolz gekränkt hatte.

1868 hatte sich ein Musiklehrer namens Adolph Möller in Husum niedergelassen. Der damals 27-jährige Möller (1841–1887) hatte eine Ausbildung am Konservatorium in Leipzig hinter sich. 1869 wurde er Musiklehrer am Husumer Gymnasium. Storm fand in ihm einen guten Klavierspieler und hilfreichen Assistenten bei der Chorarbeit. Auch gab Möller den Kindern Karl und Lisbeth zeitweise Klavierunterricht. Und Storm vertraute auf Möllers Einschätzung, zum Beispiel, was die Begabung des langsamen Sohnes Karl anlangte.[182] Allerdings hatte Möller wohl Alkoholprobleme. So schrieb Storm etwa an seinen Sohn Ernst: „Den unglücklichen Adolph Möller sahen unsere Mädchen letzten Donnerstag Mittag ganz angetrunken durch die Hafengasse taumeln. Man muss ein Kreuz über ihm machen".[183] Außerdem vermutete er: „Adolph Möller scheint Kriegsferien in den Kneipen zu feiern; er versäumt überall seine Stunden

---

180 Vgl. Bericht von Rudolf Eucken, zitiert nach Chronik S. 49.
181 Zitiert nach Chronik, S. 49.
182 Z. B. Brief Storm an Ernst St. vom 23.03.1871, BW St./Ernst St., Nr. 44.
183 Brief Storm an Ernst Storm vom 29.03.1869, BW St/Ernst St., Nr. 12 op.16,5; von F. Behr op. 373,4; von Rud. Bergh op.18,4 und von O. Besch.

jetzt".[184] Dennoch nahm Möller über die Jahre hin rege am Musikleben der Storms teil. „Adolph Möller hat neulich einen Vortrag in der Aula über Beethoven gehalten, und dann sehr schön die Mondscheinsonate, Largo und Menuett [...] und die Sonate pathétique gespielt", berichtete Storm seiner Tochter Lisbeth.[185] Möller vertonte auch, sehr zu dessen Gefallen, einige von Storms Gedichten, und seine Vertonungen von „Am grauen Strand, am grauen Meer" und von „Das macht, es hat die Nachtigall", fanden auch Eingang in das Programm des Gesangvereins.[186] Auch arrangierte Möller für den Chor.[187] Nun aber: Im Zuge einer Reise nach

---

184 Goldammer, 2, S. 141.
 Z. B. Brief Storm an Ernst St. vom 23.03.1871, BW St./Ernst St., Nr. 44.
 Brief Storm an Ernst Storm vom 29.03.1869, BW St/Ernst, St., Nr. 12.
 Brief Storm an Ernst Storm vom 03.08.1870, BW St/Ernst St., Nr. 35.
185 Wendt, S. 101, benennt vier Kompositionen von ‚Meine Mutter hat's gewollt', und zwar von J. B. André op.16,5; von F. Behr op. 373,4; von Rud. Bergh op.18,4 und von O. Besch.
 Goldammer, 2, S. 141.
 Z. B. Brief Storm an Ernst St. vom 23.03.1871, BW St./Ernst St., Nr. 44.
 Brief Storm an Ernst Storm vom 29.03.1869, BW St/Ernst St., Nr. 12.
 Brief Storm an Ernst Storm vom 03.08.1870, BW St/Ernst St., Nr. 35.
 Brief Kinder, S. 199, 21.01.1871.
186 Chronik S. 63: von A. Möller vertont auch: „Als ich dich kaum gesehen".
187 Die Wacht am Rhein von M. Schneckenburger, komponiert von Carl Wilhelm, und ferner eine schwedische Volksweise arrangierte Möller für gemischten Chor, Chronik, S. 52 bzw. 60.

Altona kam Storm zufällig mit einem Kaufmann namens Dalldorf in Kontakt, bei dem Adolph Möller um die Hand von dessen Tochter Toni angehalten hatte. Dieser Dalldorf befragte Storm über die Persönlichkeit Möllers, den er bis dahin nicht persönlich kennengelernt hatte. Storm fühlte sich verpflichtet, die „volle Wahrheit" – also auch die Alkoholabhängigkeit Möllers – zur Sprache zu bringen. Ihm war gleich klar, dass „das musikalische Zusammenwirken mit A. M." damit beendet sein würde, wenn dieser von Storms schonungslosen Bericht erführe. „Ich hätte mich vielleicht mit demselben Erfolg für die Sache vorsichtiger ausdrücken können. Nun – die Bosel muss rollen". Die Aussicht auf die Winterfreuden aber war ihm, wie er brieflich festhielt, etwas getrübt.[188] Der Klarheit halber schrieb Storm in einem Brief an Möller, er hätte „als ehrlicher Mann nicht umhinkönnen, die in bestimmter Richtung ungünstig über ihn lautenden Nachrichten zu bestätigen". Darauf jedoch brach Möller alle Kontakte zu Theodor Storm unter Schmähungen und Drohungen ab. Dieser musste sogar verbittert zur Kenntnis nehmen, dass einige gewichtige Chormitglieder auf einmal Partei für Möller und gegen ihn nahmen und überhaupt in Frage stellten, dass Möller mehr trinke als andere auch.[189] Pauline Petersen übernahm derweil die Klavierbegleitungen, „aber Möller's männliche Hand fehlt mir doch", klagte Storm.[190] Schließlich führte die gemeinsame Liebe auch hier zur Versöhnung: Eines Tages kam Adolph Möller wieder auf Storm zu; mit seiner neuen Vertonung von Storms „Hyazin-

---

188 Storm an Ernst Storm vom 30.08.1871, BW St./Ernst St., Nr. 52.
189 Storm an Ernst Storm vom 14./15. 11. 1871, BW St./Ernst St., Nr. 58.
190 Brief an Hans Storm vom 19.03.1872 Br. Hans, S. 55.

then", die er als Freundschaftsgabe mitbrachte, begeisterte er ihn sehr, so dass die beiden fortan wieder engen Kontakt pflegten. Adolph Möller gehörte später dem Vorstand des Gesangvereins an und führte diesen Gesangverein auch bis zu seinem eigenen frühen Tode fort, nachdem Theodor Storm sich nach Hademarschen verabschiedet hatte. So ist es auch kein Zufall, dass Storm, als er im Januar 1888 von Hademarschen aus seinen Husumer Chor besuchte, darüber u. a. berichtete: „Ich musste auch mein Lied ‚Die Nachtigall' in der Komposition meines verstorbenen Freundes Adolph Möller dirigieren".[191]

---

191 Briefe Heyse, III, S. 166, zitiert nach Chronik, S. 68.

Storms bevorzugte Komponisten

In Storms Programmen findet sich wiederholt der Name des Komponisten Christoph Willibald Ritter von Gluck (1714–1787). Gluck war durch die italienische Schule gegangen, hatte auch im Stil italienischer Komponisten unzählige italienische Opern komponiert, konnte aber schließlich deren im Formelhaften erstarrte Prägung für sich und sein Werk überwinden. „Da ich die Musik nicht nur als eine Kunst, die das Gehör ergötzt, sondern als eines der größten Mittel, das Herz zu rühren und die Leidenschaften aufzuregen betrachte, so habe ich in der Verwirklichung dieser Ansicht eine neue Methode angenommen. Ich habe mich mit der Szene beschäftigt, große und starke Ausdrücke gesucht und habe besonders getrachtet, dass alle einzelnen Teile meiner Werke unter sich verbunden sind", beschreibt Gluck in der Vorrede einer seiner Partituren.[192] Er wandte sich schließlich von der italienischen Oper mit Hilfe des Textdichters Raniero de'Calzabigi ab, der mit einer möglichst ungekünstelten Sprache natürliche menschliche Gefühle zum Ausdruck bringen wollte. Das erste gemeinsame Werk war die Oper „Orpheus und Eurydike" von 1762.[193] Glucks Musik und Ranieros Text lassen dort das liebende Gattenpaar mit seinem Schmerz wie mit seinem Glück rein menschlich erscheinen. Neben Orpheus, dem Titelhelden, treten, jeweils in kurzen Rollen, nur Gott Amor und Eurydike solistisch auf; dagegen agieren zahlreiche Chöre teils kommentierend, teils auch als Gegenspieler des Helden auf. Glucks Orpheus ist kein

---

192 Gluck in der Vorrede zur gedruckten Partitur seiner zweiten Reformoper „Alcaste"; hier zitiert nach Tschierpe, S. 75.
193 Tschierpe, S. 74.

Opernheld alten Schlages, er singt einfach und wahrhaft, voller Empfindung in deutscher Liedhaftigkeit; er bezwingt mit seinem ergreifenden Gesang und seinem Leierspiel auch die Furien, die ihm den Weg in das Elysium und zu Eurydike verwehren. Dank der wiederholten Hilfe von Amor findet das Paar am Ende in Leben und Liebe zusammen. – Gluck hatte für die drei Solisten drei Frauenstimmen vorgesehen nämlich: Orpheus (Alt), Eurydike (Sopran), Amor (Sopran), dazu Schäfer, Nymphen, Furien, Larven der Unterwelt u. a.[194]

Die italienische Oper lief Storms Musiksinn zuwider. Umso mehr kamen seinem Feingefühl die Schlichtheit und Innigkeit der neuen Gluckschen Musik entgegen. Neben Mendelssohn, Schumann und Mozart liebte er besonders auch Gluck. Seiner Verlobten Constanze schickte er in früher Zeit schon Lieder für die Altstimme aus Glucks Opern; „Üb die bitte recht genau ein ‚Was war ich einst durch dich' und ‚Ach aller Freuden leer' und alles andere im Heft und dann vorzüglich ‚Ach ich habe sie verloren'".[195] Auch berichtete er euphorisch: „Meine beste Freude ist, wie in Heiligenstadt, mein Gesangverein; wir werden nächstens etwa die Hälfte von Glucks *Iphigenie in Tauris* machen. Ich habe einen Bariton ersten Ranges für den Orest, mich selbst für den Pylades und eine vorzügliche Sängerin[196] für die Iphigenie." Dieses Konzert fand am 16.12.1867 statt: „Es machte einen Eindruck, wie ich es gar

---

194 Fath, S. 67.
195 St./C., I, 14.-17.08.1845.
196 Ida Petersen, von der Storm schreibt (an Ludwig Pietsch am 08.11.1867 bei Goldammer, I, S. 514), sie sei eine Nichte eines Prof. Otto Jahn, der ein berühmtes Buch über Mozart geschrieben, aber „von so unausstehlich souveränem musikalischen Hochmut besessen". So wird sie wohl dem Herrn Chorleiter gelegentlich widersprochen haben.

nicht zu hoffen gewagt".[197] Am 03.04.1876 führte der Chor Glucks Iphigenie ein zweites Mal auf. Seinem Freund Ludwig Pietsch berichtete Storm dazu am 24.09.1876: „Auch habe ich, flankiert von zwei tüchtigen Fachmusikern (weiblich und männlich) meinen Gesangverein wie immer. Vorigen Winter machten wir den größten Teil der Gluckschen Iphigenie, eine langjährige Schülerin von Garcia sang die Iphigenie und ich als Pylades errang noch fast die Krone neben einem eminenten Baritonsänger (Orest). Es ist die Dauerhaftigkeit meines Tenors in der Tat wunderbar. Ich bin jetzt im sechzigsten!"[198] Die Rolle des Pylades, des selbstlosen und am Ende rettenden Freundes des Orest ist aber auch überaus dankbar; im französischen Ur-Libretto soll sie ein Countertenor singen, in der auch musikalisch überarbeiteten deutschen Fassung aber ein lyrischer Tenor, was genau Storms Tonlage entsprach. Aber auch Pylades' Text ist in seinem längeren Solo in der ersten Szene des zweiten Aktes ergreifend von freundschaftlicher Treue geprägt:

> *O wie beleidigend für den, der dich liebet!*
> *Freund, sei gefasst, als Helden sterben wir.*
> *Entehr in deinem blinden Eifer nicht den Pylades,*
> *Die Götter und dich selber!*
> *Warum erfüllt mein Tod, wär er auch unvermeidlich,*
> *Warum erfüllt er dich mit eitlem Schrecken?*
> *Ich bin nicht so beklagenswürdig;*
> *An deiner Seite sterb' ich ja.*

Arie

> *Befreundet waren wir schon lange*
> *Und wünschen nur das eine;*

---

197 Storm an Carl Reinecke am 06.12.1868 bei Goldammer, I, S. 540.
198 Blätter der Freundschaft, S. 238.

So ist mein Herz nicht bange,
Wenn uns das Los vereine.
Mag das Schicksal uns bekriegen,
Folg gelassen, wenn es ruft,
Denn es wird in einer Gruft
Unser Staub zusammenliegen.

Im Jahre 1873 sollte dann sein Gesangverein die Gluck-Oper „Orpheus und Eurydike" aufführen, und zwar ungekürzt; die offizielle Spieldauer wird auch mit nur 1 ½ Stunden angegeben. Im Frühjahr 1873 kommt Storm in Briefen an Wilhelm Petersen, Paul Heyse, Klaus Groth, Hartmut Brinkmann und Ernst Esmarch immer wieder auf das Vorhaben zu sprechen und erwähnt, dass die Titelrolle ein Fräulein Anna Hanken aus Tönning, die Eurydike Fräulein Marie Keck aus Schleswig, er selbst aber mangels einer zweiten Sopranistin die Partie des Amor singen werde. Er fügte den Briefen jeweils eine spaßhafte Anmerkung über seine Rolle als jugendlicher Amor an,[199] womit er nonchalant wieder seine Bedeutung als Solist betonen konnte. „Damit Sie Respekt vor unserem musikalischen Treiben hier kriegen, will ich Ihnen noch erzählen, dass wir im nächsten Konzert den Gluckschen Orpheus geben. In Ermangelung einer zweiten Sopransolistin singe ich den Amor (übrigens treffliche Tenorlage, falls Sie es versuchen wollten) und tröste mich, dass, wenn es nach dem Alter geht, Amor noch viel grauere Haare haben müsste, als ich".[200] Eros, also Storm hat im dritten Auftritt des ersten Aufzuges (Nr. 7) in zwei Rezitativstellen dem Orpheus singend mitzuteilen:

Vertraue dem Eros. Die Götter fühlen Mitleid,
Zeus erbarmt sich dein. Steige hernieder

---

199 Siehe Chronik, S. 55/56.
200 Storm an Heyse, I, am 27.01.1873.

> *Zu Lethes schrecklichem Strande, wo sie jetzt weilt,*
> *Unter den Schatten der Toten; rührest du dort*
> *Mit dem Zauber des Sanges die Furien,*
> *Den Minos und den Plutos, so möge*
> *Der geliebten Eurydike neu das Leben erstrahlen.*

Und weiter:

> *Wende nicht den Blick auf Eurydike hin,*
> *Ehe du verlassen hast des Styxes Gestade,*
> *Sonst ist auf ewig sie dem Tode geweiht,*
> *Sie wird dann aufs neue dir entrissen, und auf immer;*
> *Dies ist sein Wille; wenn du ihn nicht erfüllest,*
> *Wird der Schmerz dich ertöten. Das bedenke und wähle!*

Im dritten Auftritt des Aufzuges „Verwandlung" sind es dann nur noch kurze Textstellen, mit denen Eros Orpheus und Eurydike am Ende doch noch lebend vereint:

> *Folgt mir, Beglückte, die treue Liebe vereinet;*
> *Ich führ euch der Erde und der Freude entgegen.*

Und abschließend – gewiss mit Storms innerem Beifall – noch:

> *Wem meine Blicke lächeln, dessen Leid muss fliehen.*

Das Konzert fand am 05.05.1873 statt.[201] Darüber, wie die Darbietung bei dem Husumer Publikum ankam, gibt es leider keine Berichte. Nochmals im Programm erscheint Gluck am 19.03.1877, nämlich aus dem ersten Teil des Zweiten Aktes der Oper ‚Orpheus in der Unterwelt'

> „*Arien f. Alt und Chöre.*"[202]

Vom Jahre 1867 an taucht auch der Name von Niels Vilhelm Gade wiederholt in den Programmen des Gesangver-

---

201 Wendt, Anhang I, S. 85.
202 Chronik, S. 63.

eins auf. Am 06.05.1867 wurde der „Erlkönig, Ballade für Solo und Chor", op. 30 von Gade aufgeführt. Am 18.11.69 und wiederholt am 10.01.1876 kam Gades Konzertstück f1 „Frühlingsbote" zur Aufführung. Dieses Stück war 1869 in Kopenhagen uraufgeführt worden und damit brandneu. Am 10.01.1880 ging es um zwei Duette von Gade. Den dänischen Komponisten Niels Vihelm Gade (1817–1889) kennt heute kaum noch jemand, zu seiner Zeit war er ein bejubelter Stern der Musikwelt. Seine vierte Symphonie in B-Dur op. 20 war zwischen 1850 und 1890 die meistgespielte Symphonie eines lebenden Komponisten weltweit. Felix Mendelssohn-Bartholdy hatte Gade nach Deutschland geholt, er hatte dessen Musik in Leipzig uraufgeführt und er hatte ihn zuerst zu seinem Stellvertreter, später aber auch zu seinem Nachfolger als Leiter der Leipziger Gewandhauskonzerte gemacht. Gade hatte mit seiner Musik, die als „düster, nebelhaft, nordisch" umschrieben wurde, mit dem sogenannten „nordischen Ton" seiner Musik das musikliebende Publikum verzaubert. Unter dem Titel „Mondschein, Meer und Melancholie" hat Jan Brachmann vor nicht allzu langer Zeit eine Neuerscheinung des Schweizer Musikforschers Michael Matter, „Niels W. Gade und der ‚nordische Ton'. Ein musikalischer Präzedenzfall", besprochen.[203] „Mondschein, Meer und Melancholie" – wird damit nicht auch gerade die Seele des Musikers Theodor Storm umrissen?

Von Beginn seiner Chorleitertätigkeit an war die Musik Mendelssohns aus den Chorprogrammen nicht wegzudenken. Diese Musik hatte Theodor Storms Musiksinn seit jeher stark beschäftigt. Treffend beschreibt Wendt den Einfluss Mendelssohn-Bartholdys auf Storm: „Die zarte, feingeschliffene Kunst Mendelssohns entzückte ihn nicht

---

203 FAZ vom 13.Juni 2015, S. 12.

nur, er wusste auch, dass er damit seiner Wirkung auf das Publikum sicher war. Aber gerade das Brillierende Mendelssohns gab ihm auch wieder zu Bedenken Anlass. Dieselbe Formenkunst, die ihn in der Poesie bei Geibel irritierte, ließ ihn auch an Mendelssohn Kritik üben. Zur selben Zeit, da man Mendelssohn noch allgemein vergötterte, sprach er bereits Zweifel aus, ob in allen Schöpfungen Mendelssohns auch das rechte ‚Herz' stecke. Und dennoch wurde er ihm gerecht […]".[204] Mendelssohn genoss bereits zu Lebzeiten ein außergewöhnlich hohes Ansehen: Er wurde zur dominanten Künstlerpersönlichkeit seiner Zeit. Manchen galt er zwar da und dort als gefällig-elegant und nicht eben tiefgründig; sein Oktett und seine Ouvertüre zum Sommernachtstraum aber, die er mit 16 Jahren komponiert hatte, sind unumstrittene Meisterwerke. Seinem Paulus-Oratorium (1846) und dann auch seinem Elias (1846) wurden überall in Europa und in den Vereinigten Staaten schnelle und bejubelte Erfolge zuteil. Zeitgenössische Komponisten orientierten sich an Mendelssohns Stil. Und er kam auch als Virtuose am Klavier, an der Orgel oder an der Geige und erst recht als Dirigent zu großer öffentlicher Wirkung.

In den noch zugänglichen Konzertprogrammen von Storms Chören finden sich folgende Werke von Felix Mendelssohn-Bartholdy:[205]

- *Morgengebet und Jägers Abschied am 21.08.18043*
- *42. Psalm am 03.07.1846*
- *Zwei Lieder für gemischten Chor und Die erste Walpurgisnacht am 17.04.1860*
- *Drei Heinesche Lieder im Mai 1862*
- *42. Psalm und zwei Männerquartette im Februar 1863*

---

204 Wendt, S. 77.
205 Vgl. dazu die Aufstellung bei Wendt, Anhang I, S. 81 ff.

- 72. Psalm am 31.03.1865
- O könnt ich fliegen wie Tauben dahin am 19.12.1966
- Elias (Elias erweckt den Sohn der Witwe, Duett und Chor) am 06.05.1867
- Vierstimmige Lieder am 28.01.1869
- Paulus, Tod des Stephanus, im März 1870
- Abschied vom Walde (von Eichendorff) für gemischten Chor und Andenken für gemischten Chor am 22.01.1872
- Entflieh mit mir, drei vierstimmige Lieder am 29.04.1872
- Hör mein Bitten; Herr neige dich zu mir – Hymne für Sopran-Solo und Chor am 16.12.1872
- O Winter schlimmer Winter!, Hirtenlied von Uhland, komponiert für Chor im März 1873
- Finale des ersten Aktes der unvollendeten Oper Loreley nach Geibel am 15.12.1873
- Motette komponiert für die Nonnen auf Trinita di Monti – zwei Lieder für gemischten Chor am 11.05.1874
  a) O sanfter süßer Hauch (Uhland)
  b) Liebliche Blume, bist du so früh schon wieder gekommen? (Lenau)
- Lob des Frühlings (Uhland)
- Da lieg ich unter dem Bäumen, Lied für Alt
- Zwei vierstimmige Lieder am 18.03.1880
  a) Morgengebet
  b) Abschied vom Walde

Um die Wende 1861/1862 hatte Theodor Storm in Heiligenstadt mit seinem Chor die Arbeit an Mendelssohns Erfolgs-Oratorium „Paulus" aufgenommen. „Paulus" war 1836 uraufgeführt worden und war bald überall in Europa bekannt. Das Oratorium war unter dem starken Einfluss von Bachs „Matthäuspassion" entstanden, die der eben 20-jährige Mendelssohn nach langer Vergessenheit wiederentdeckt und 1829 wiederaufgeführt hatte. Besungen werden dort drei

Station im Leben von Saulus/Paulus, nämlich die des Christenverfolgers, der am Tode des Stephanus teilhat, sodann das Damaskus-Erlebnis und schließlich Paulus als Apostel. Storm beschränkte sich auf Teil 1 des Werkes, auf den „Tod des Stephanus", der 22 Kompositionsnummern umfasst, und er sang selbst als Tenorsolist die Rolle des Stephanus. Stephanus, ein junger Mann voll Kraft und Glauben und in der Jerusalemer Urgemeinde wundertätig, wird verleumdet und vor die Hohenpriester geschleppt; er ruft dort zu seinem christlichen Glauben auf, man missversteht ihn und fordert seinen Tod. Storm hatte eigentlich nur dieses eine längere Tenorsolo zu singen:

> *„Liebe Brüder und Väter, höret zu: Gott der Herrlichkeit erschien unseren Vätern, er rettete das Volk aus aller Trübsal und gab ihnen Heil. Aber sie vernahmen es nicht. Er sandte Mosen in Ägypten, da er ihr Leiden sah und hörete ihr Seufzen. Aber sie verleugneten ihn und wollten ihm nicht gehorsam werden und stießen ihn von sich und opferten den Götzen Opfer. Salomo baute ihm ein Haus, aber der Allerhöchste wohnt nicht in Tempeln, die mit Händen gemacht sind; der Himmel ist sein Stuhl und die Erde seiner Füße Schemel; hat nicht seine Hand das Alles gemacht? Ihr Halsstarrigen! Ihr widerstrebt allezeit dem heiligen Geist, wie eure Väter, also auch ihr! Welche Propheten haben eure Väter nicht verfolgt? die da zuvor verkündigten die Zukunft dieses Gerechten, dessen Mörder ihr geworden seid! Ihr habt das Gesetz empfangen durch der Engel Geschäfte und habt es nicht gehalten."*

Ihm wird entgegnet: *„ Weg mit dem! Er lästert Gott, und wer Gott lästert, soll sterben."*
Stephanus/Storm hat darauf noch zu singen:

> *„Siehe, ich sehe den Himmel offen und des Menschen Sohn zur Rechten Gottes stehen".*

Dann wird er gesteinigt. Storms Rolle als Solist ist damit bereits in Teil sechs des ersten Teils beendet. Einfach ist sie aber durchaus nicht. Die Verteidigungsrede des Stephanus, die sich von einem schlichten Appell zu einem Ton heftigen Vorwurfes steigert, ist von Mendelssohn musikalisch durch Tempowechsel gekennzeichnet, nämlich von einer Steigerung über Andante sostenuto, Andante und Allegro bis zu einem Allegro molto, und diese Wechsel werden jeweils durch die von Stephanus gesungene refrainartige Phrase – „Aber sie vernahmen es nicht" – in zunehmend höhere Lagen eingeleitet.[206] Solche Tempowechsel zu leiten und zu kontrollieren, ist eigentliche Aufgabe des Dirigenten, was für Storm vermutlich umso schwieriger war, wenn er zugleich mit Blick zum Publikum und vom Chor abgewandt solistisch sang.

Der Ober-Eichsfelder Kreisanzeiger kündigte – zwischen dem Angebot eines Gold-und Silberarbeiters und dem Gesuch nach einer ordentlichen Haushalthilfe – am 15.03.1862 an: „Einladung zum Concert des Gesangvereins, Sonntag, den 16. März cr. Abends 8 Uhr im ‚Rathhaussaal' Programm: Aus ‚Paulus' von Mendelssohn. Eintritt zum Concert 5 Sgr." Mit seinen engagierten und stimmstarken Chormitgliedern brachte Storm eine gelungene Aufführung zustande. „Was gäbe ich darum, liebe Mutter, wenn ich Dich Sonntag abend 8 Uhr von uns schräg über die Straße nach dem Rathhaussaal führen könnte, um unseren ‚Paulus' zu hören. Es geht in der Tat recht brav", schrieb Storm und fügte an, ein anderer tüchtiger Tenorist, Herr von Haidler, habe ihm mit privaten Übungen der Chordamen an sechs Montagnachmittagen hintereinander treu beigestanden.[207]

---

206 Vgl. Todd, S. 380.
207 An Lucie Storm, März 1862, Goldammer, Bd. I, S. 395 f.

Der Erfolg der Aufführung führte zu einer Einladung zu Champagner und Malvasier am selben Abend vors Tor in das Hotel Wussow, wo man bis gegen vier Uhr morgens in kleiner auserlesener Gesellschaft bei auserlesenem Wein saß. Dies hatte sein Freund Alexander von Wussow folgendermaßen angeregt: „Na, heute wäre einmal der Moment, 'n Droppen miteinander zu trinken."[208]

Es wäre natürlich willkommen, wenn es irgendwelche näheren Zeugnisse über die Aufführung gäbe. Sicher ist, dass der Chor und seine Solisten nur anhand des Klavierauszuges begleitet werden konnten, weil mehr als ein Klavier nicht zur Verfügung stand – gewiss eine ganz bedeutsame Einbuße gegenüber Aufführungen mit Orchesterbegleitung, für die Mendelssohn die fülligsten Klänge und vehemente rhythmische Akzente geschrieben hatte. Es lässt sich nicht mehr ermitteln, welche Teile des Oratoriums zur Aufführung kamen und welche Storm fallen ließ; es wurde ja nur angekündigt *aus* Paulus. Gewiss ist, dass der Aufführungserfolg Storm ermutigte, mit diesem tüchtigen und begeisterungsfähigen Chor später ein weiteres Oratorium einzustudieren, nämlich, wie schon besprochen, Hillers *Die Zerstörung Jerusalems*. Beide Musikstücke, Mendelssohns *Paulus* sowie Ferdinand Hillers *Die Zerstörung Jerusalems*, nahm Theodor Storm übrigens später, nach der glücklichen Heimkehr seiner Familie nach Husum, mit dem dort wieder belebten Gesangverein nochmals ins Programm.

Und mit diesem zweiten Husumer Gesangverein brachte Storm dann, im Mai 1867, auch noch Teile von Mendelssohns zweitem, nach allgemeiner Meinung noch gelungenerem Oratorium, von „Elias" zur Aufführung. Das Programm für den 06. Mai 1867 nämlich besagte: „Concert

---

208 BW Brinkmann, 24.03.1862, S. 117.

des Gesangvereins, Montag 6 Mai Abends 8 Uhr Generalprobe Sonntag 5 Mai Abends 8 Uhr. Programm. I. Aus Mendelssohns Elias. Elias erweckt den Sohn der Widtwe. Duett und Chor. II. Erlkönigs Tochter. Ballade für Solo u. Chor comp. von Niels W. Gade [...]".[209] Belege über nähere Einzelheiten dieses Konzertes gibt es nicht, sodass ungewiss bleibt, ob Storm als Solist auftrat. Zum ersten Abschnitt des Oratoriums, in dem Elias von Gott die Erweckung des toten Kindes erfleht, gehören auch als Nummern 5 und 6: ‚Rezitativ und Arie, Obadjah (Tenor)' – gewiss ein Angebot an den Tenoristen Storm. Das Programm aber spricht nur von ‚Duett und Chor', es erwähnt allerdings auch nicht die Solostimmen von Elias und der Witwe, ohne die die Erweckungsszene nicht denkbar ist.

Eine besonders tiefe und berührende Nähe empfand Theodor Storm zu der Musik von Robert Schumann (1810–1856). Beide verband auch durchaus Auffallendes: Schumann war, ebenso wie Storm, ein literarisch-musikalisches Doppeltalent. Von seinem literarisch hochgebildeten Vater geprägt kam Schumann früh mit der Weltliteratur in Berührung. Schon als Junge fertigte er Gedichte und Dramen an und wollte eigentlich Dichter werden. Bis zu seinem ‚Liederjahr' 1840 hatte er vornehmlich Klaviermusik komponiert; dieses Jahr brachte einen Umbruch für ihn. Am 25. Juni 1838 besuchte er in niedergedrückter Stimmung ein Konzert der damals 16-jährigen Pauline Garcia – die hier bereits als Pauline Viardot erwähnt wurde –, bei dem gleich „in den ersten Minuten ihres Gesanges die Tränen stromweise" aus ihm herausbrachen. „Ach Klara, was das für eine Seligkeit ist für den Gesang zu schreiben. Die hatt' ich lang entbehrt". Seine Liedkompositionen nach Texten von Geibel, Chamis-

---

209 Chronik, S. 47.

so, Uhland, Lord Byron und Goethe bestätigen seine breite Kenntnis deutscher Dichtung; seine Vorliebe für Texte von Heinrich Heine oder von Eichendorff aber belegt zugleich seine starke Affinität zur Innerlichkeit und Märchenhaftigkeit der romantischen Dichtung. Martin Geck schreibt dazu: „Und da möchte man, wenn schon nicht von Perfektion, so doch von einem Gelingen sprechen, das einem den Atem raubt. Es geht um die Umarmung von Dichtung und Musik und damit um die Erfüllung eines romantischen Traumes: Die Vorstellung von ‚Universalpoesie' und ‚Gesamtkunstwerk' finden nun in der unscheinbaren Gattung des Klavierliedes ihre ungeahnte Erfüllung".[210] Als Freund von Mendelssohn und Verehrer von Chopin war Schumann ein Vertreter der musikalischen Hochromantik. Auch trafen Schumanns Hingabe an den Gesang und das deutsche Volkslied sowie seine reichen Lied- und auch Chorkompositionen genau mit Storms Interessen überein. Und wie Storm war auch Schumann in seinen Dresdener Jahren Begründer und Leiter eines Chores. Als der von ihm so geschätzte Komponist am 29. Juli 1856 mit nur 46 Jahren nach geistigem Verfall starb, war Theodor Storm, der soeben vor seiner Ernennung zum Kreisrichter in Heiligenstadt stand, davon vermutlich erschüttert.

Einmal, während Storm eben im Begriff war, sich in Berlin eine Existenz zu schaffen, sang Laura Brinkmann ihm Heines „Die Wasserrose ängstigt sich vor der Sonne Pracht", vertont von Robert Schumann, vor, und Storm war „zuletzt noch innerlich sehr erregt" – allerdings auch in Bewunderung von Heines Dichtkunst.[211] „Mit eisernem Fleiß übe ich jetzt schon

---

210 Alle obigen Zitate entnommen von Martin Geck, a.a.O., S. 135 f.
211 St./Brinkmann 30.12.52 S. 79. Heines Gedichte „Die Lotosblume ängstigt sich" aus dem „Buch der Lieder" wurde von

seit 4 Tagen einige der Robert Schumannschen Lieder von Heine, um sie Dir singen zu können. Sie sind sehr schwer; man muss Schumann genau kennen; aber ich werde sie gut singen".[212]

Im Storms Chorprogramm trat Schumann erst 1865 und erst lange nach Mendelssohn und vielen anderen hervor. Offenbar passten Schumanns Lieder besonders zu der melancholischen Gestimmtheit Storms nach dem Tod seiner Frau Constanze; er schrieb um diese Zeit an verschiedene Adressaten, die Musik sei ihm „Trösterin, wie sie eine Begleiterin seines Lebens sei".[213] Übungen auch von Romanzen von Schumann erwähnte Storm zuerst im Mai 1865.[214] „Ich wollte, Du hörtest diese Eichendorffschen Romanzen von Schumann für Chor. Es läuft einem kalt über [...]", derart ergriffen schrieb er am 31.10. 1865 an Freund Pietsch.[215] Und seinem Bariton namens Goos wäre er „neulich gern um den Hals gefallen, als er im Konzert Blondels Lied von Schumann sang".[216] In einem Brief an Fontane vom 25.05.1868 schwärmt Storm von Robert Schumanns Vertonungen von Eichendorfs Gedichten ‚Schöne Fremde', ‚In der Fremde' und ‚Im Walde'. „Und diese Sachen hat Robert Schumann komponiert! Haben Sie es noch nicht gehört, so sorgen Sie, dass Sie es hören. Besonders auch das als Quartett für gemischten Chor komponierte ‚Es zog eine

---

Robert Schumann als Teil des Liederzyklus „Myrthen" (1840) vertont.

212 BW St./Frau C. vom 06. – 11.07.1862, S. 217. Dazu dort Fußnote 32: Es handelt sich um den Liederkreis op. 24, Nr. 1–9, aus 1840.
213 Briefe Ernst Esmarch (an Elsabe) vom 22.11.1865; an Pietsch S. 169.
214 An Esmarch 05.05.1865, S. 103.
215 Blätter der Freundschaft, S. 169 f.
216 Zitiert nach Chronik, S. 45.

Hochzeit den Berg entlang' mit dem Schluss: ‚Von den Bergen nur rauschet der Wald, und mich schauert im Herzensgrunde'. Mein Gesangverein hier konnte sich nicht daran ersättigen".[217] Und beim Gesangverein besonders beliebt waren auch die vier Hefte von Schumanns „Zigeunerleben", aus dem spanischen Liederspiel.[218] Seinem Landsmann und Dichterkollegen Klaus Groth berichtete er am 18.11.69 von dem ersten Konzert dieses Winters und davon, dass u. a. Mörikes ‚Schön Rotraut' und Eichendorffs ‚Es zog eine Hochzeit den Berg entlang', beides für Chor von Robert Schumann vertont, zur Aufführung komme. Dazu merkte er emphatisch an: „So etwas von Deckung der Poesie und Musik gibt's gar nicht mehr; sollt'st nur mal hören: ‚Und mich schauert in Herzensgrunde'".[219] 1871 übte er mit seinem Chor „zwei wunderschöne Sachen, die schon hübsch gingen. Brautchor aus Lohengrin von Wagner und ‚Es ist bestimmt in Gottes Rath' von Schumann."[220] Zusammen mit der Tochter Lisbeth wollte er der Familie an den Weihnachtstagen 1873 „recht was vorspielen: Weber, Schumann, Schubert, Brahms."[221] Anfang 1880 schickte sein Sohn Karl, der „stille Musikant", seiner Schwester Elsabe zu deren Geburtstag Robert Schumanns „Bilder aus Osten", Impromtu für vier Hände op. 66, sauber gebunden mit Widmung an seine Schwester in Golddruck auf dem Deckel. Karl Storm wusste gewiss, dass er mit diesem Geschenk gerade auch dem Vater Freude machen würde. Der schrieb seinem Sohn Ernst davon und dass er nächstens mit Elsabe darangehen wolle.[222] Wie diese Zusammenstellung zeigt, konnte sich Storm für Schu-

---

217 Goldammer, 1, S. 530.
218 Chronik S. 56.
219 Goldammer, 1, S, 552.
220 St/Ernst ‚14./15. 11.1871, Nr. 58, S. 123.
221 St/Ernst und Hans, Nr. 74, S. 147.
222 St/Ernst, 12.02.1880.

manns Musik also durchaus begeistern. Dies verdeutlicht auch die Übersicht der Musik Schumanns im Programm von Storms Chören:

- *Romanze am 19.12.1866*
- *‚In der Fremde' und ‚Schöne Fremde' sowie ‚Es zog eine Hochzeit den Berg entlang' (Eichendorff) im Mai 1868*
- *Schnitters Tod und ‚Haideknabe' von Hebbel, Deklamation mit Pianobegleitung am 22.01.1869*
- *‚Schön Rotraud' von Mörike für Chor sowie ‚Es zog eine Hochzeit den Berg entlang' von Eichendorff für Chor am 19.11.1863; geplant Requiem für Mignon*
- *Die Nonne für gemischten Chor; Sommerlied von Rückert für gemischten Chor; Schön Hedwig von Hebbel, Deklamation mit Pianobegleitung am 22.01.1871*
- *Beim Abschied zu singen für Chor am 08.02.1872*
- *Lied von Schumann am 29.04.1872*
- *Es ist verraten, Aus dem spanischen Liederspiel, am 16.11.1872*
- *Bänkelsänger Willi (nach R. Burns) sowie Zigeunerleben (von Geibel), beides für Chor, im März 1873*
- *Erhebet Herz und Hände, aus der Oper Genoveva (Chor) am 11.05.1874*
- *Ouverture, Im Walde (von Eichendorff) und Der Schmidt (von Uhland) für gemischten Chor am 08.03.1875*
- *Lied für eine Singstimme am 13.05.1875*
- *Ländliches Lied (Geibel) komponiert für zwei Stimmen am 14.05.1877*
- *Zigeunerleben für Chor und Solostimmen op. 29 Nr. 3 (Text Geibel) am 18.03.1880.*

Abschließend sei dazu ein Schreiben Theodor Storms an Detlev von Liliencron vom 12.06.77 erwähnt; dort ist zu lesen: „Von ‚Meine Mutter hat's gewollt' habe ich manche Komposition durchgesehen[223], keine hat mir gefallen, auch die von Franz nicht; die von Ihnen genannten kenne ich nicht. Schumann wäre vielleicht, wenn irgendeiner, der Komponist für einzelne meiner Gedichte gewesen".[224] Storm stellte also hohe Ansprüche an die Komposition der Musik zu seinen Gedichten. Natürlich, der beste Lyriker kann adäquat nur von dem besten Komponisten vertont werden. Aber Robert Schumann kam dafür nicht mehr in Frage, da er bereits 1856 jung verstorben war, noch bevor Storm überhaupt eine weiterreichende Bekanntheit erlangen konnte.

Zu erwähnen ist in diesem Zusammenhang auch Johannes Brahms, der ebenfalls aus Norddeutschland stammte und auch mit Storms Freund und Dichterkollegen Klaus Groth befreundet war. Brahms schuf über die Jahre ein einzigartiges, ein immenses Kompositionswerk, das gerade auch für den Gesang geeignet war. Storm hatte 1873 mit seinem Gesangverein die „Brahmschen Liebeslieder mit den vierhändigen Walzern darunter" einstudiert[225] und sie „neu und reizend" gefunden[226]. Brahms hatte gerade schleswig-holsteinische Dichter in großer Zahl vertont, in der Hauptsache Gedichte

---

223 Wendt, Anhang II. S. 101 f., benennt stolze 53 Kompositionen von ‚Meine Mutter hat's gewollt' von durchweg wenig bekannten Komponisten; Wendt Anhang II. S. 91 ff. hat unter dem ausdrücklichen Hinweis, dass sein Verzeichnis keinen Anspruch auf Vollständigkeit erhebt, beispielsweise auch für ‚Schließe mir die Augen beide' 71, für ‚Das macht die Nachtigall' 61 , für ‚Heute nur heute' 34 und für ‚Über die Heide hallet mein Schritt' 31 Vertonungen von durchweg mehr oder weniger unbekannten Tonsetzern ermittelt.
224 Goldammer, 2, S. 141.
225 Aus vierhändige Klaviere und Gesang op. 52.
226 St./Ernst Storm Brief vom 17.10.1873, Nr. 73, S. 146.

von Friedrich Hebbel und von Klaus Groth.[227] Dagegen gibt es von Brahms nur eine einzige Storm-Vertonung, und zwar von „Über die Heide hallet mein Schritt [...]".[228] Ob Storm diese Vertonung, die 1882, also noch zu Lebzeiten Storms entstanden war, wohl als geglückt akzeptiert hätte? Meines Erachtens zeigen Tonträger, dass gerade auch bei dieser Vertonung eine unangemessene, eine störende Bewegtheit in den ruhigen, zart-melancholischen Gedichttext hineingerät.

Nach Wendt – der zugleich einschränkt, sein Verzeichnis könne keinen Anspruch auf Vollständigkeit erheben – zählte er 1917 immerhin bereits 727 Vertonungen Stormscher Gedichte durch die unterschiedlichsten Komponisten.[229] „Schließe mir die Augen beide" war dort mit 71 Vertonungen führend, gefolgt von „Das macht die Nachtigall" mit 61, von „Meine Mutter hat's gewollt" mit 53, von „Einen Brief soll ich schreiben" mit 42, von „Als ich dich kaum gesehen" mit 40, von „Heute nur heute" mit 34 und von „Über die Heide hallet mein Schritt" mit 31 Vertonungen. Unter den Komponisten finden sich Max Reger mit „Nelken" (op. 15 Nr. 3, 1894) oder Alban Berg mit „Nachtigall" (7 frühe Lieder, 1907).

Interessant ist auch die Frage, wie Storm zur damals aufkommenden Musik Richard Wagners (1813–1886), der ebenfalls ein Zeitgenosse von ihm war, stand. Im November 1853 hatte Storm mit seiner Frau in Hamburg eine Aufführung von Wagners „Tannhäuser" besucht. Darüber schrieb Constanze nach Husum: „Sonntag vor 8 Tagen waren wir im Hamburger Stadttheater, sahen und hörten ‚Tannhäuser' von Wagner – es war wunderbar schön. Theodor hat

---

227 Martin-M. Langner, S. 68 ff. bzw. S. 93 ff.
228 Sechs Lieder op. 86, Nr. 4, 1882.
229 Wendt, a.a.O., S. 91–107.

schon eine Arie aus dem Tannhäuser versucht und singt sie vortrefflich."[230] Und in einem Brief an Mörike schwärmte Storm selbst: „Augenblicklich bin ich ganz hingenommen von Richard Wagners ‚O du mein holder Abendstern' aus dem Tannhäuser. Das ist unsäglich schön!'"[231] Unter Berufung auf diese Briefstelle argumentiert J. Beyer, dass „der Dichter der Erinnerung, der mit Vorliebe in vergangenen Zeiten und in ihrer Romantik schwelgt, auch ein feines Verständnis für die damals noch als Zukunftsmusik verschriene Kunst Richard Wagners besaß".[232] Wendt hält dagegen und zitiert aus den Heimaterinnerungen Wilhelm Jensens[233] diesen mit der Behauptung, Geibel und Storm „verabscheuten die Wagnersche Zukunftsmusik aufs tiefste". Jensen war ein enger Freund Storms, und sein Urteil sollte darum doch Gewicht haben. Doch der Brautchor aus Wagners Oper „Lohengrin" – „Treulich geführt, ziehet dahin" – nebst Einleitung war am 05.02.1872 ein Programmpunkt von Storms Chor.[234] Wagners Musik brach in der Tat mit den von Storm so hoch geschätzten Komponisten der Hochromantik, mit Schumann und mit Mendelssohn zumal. Von Wagner ist folgende verunglimpfende und antisemitisch gefärbte Einschätzung der Arbeit Mendelssohns überliefert: „Mendelssohn hat uns gezeigt, dass ein Jude von reichster spezifischer Talentfülle sein, die feinste und mannigfaltigste Bildung, das gesteigertste und zartempfindendste Ehrgefühl besitzen kann, ohne durch Hülfe aller dieser Vorzüge es je ermöglichen zu können auch nur ein einziges Mal die tiefe, Herz

---

230 Briefe in die Heimat, 27,11.1853, S. 22.
231 BW Storm/Mörike, S. 34.
232 Zitiert nach Wendt, S. 79.
233 In: Velhagen und Klasings Monatshefte Jg. 24, S. 629.
234 Chronik, S. 53.

und Seele ergreifende Wirkung auf uns hervorzubringen, die wir von der Musik erwarten".[235] Dennoch war Storm auch für diese „Zukunftsmusik" aufgeschlossen. Was mag der musikbesessene Vater wohl gedacht haben, als sein Sohn Ernst, der zu dieser Zeit in Leipzig studierte, ihm berichtete: „Neulich war ich in der Oper, es wurde gegeben ‚Der fliegende Holländer' von Wagner, da ich aber faktisch während des zweiten Aktes einschlief, so wurde ich von meinem neben mir sitzenden Freunde geweckt nach Ende des Aktes, und wir gingen, da er sich auch sehr gelangweilt, fort. Ich bin zu wenig musikalisch gebildet um aus diesem Geräusch den Wohlklang, der die Seele treffen soll, herauszufinden [...]"?[236] Negatives über Wagner war darauf vom Vater Storm keineswegs zu hören; er riet vielmehr dem Sohn, in Wagners „Tannhäuser" zu gehen, da würde ihm das Einschlafen nicht passieren[237] – er verband offenbar mit der Wagner-Oper noch immer sehr angenehme Erinnerungen. Ende 1882 fuhr Storm mit seiner zweiten Frau für ein paar Tage von Hademarschen nach Hamburg; sie sahen dort ein Schauspiel und im Stadttheater auch zwei Opern, nämlich Carl Maria von Webers „Der Freischütz" und Richard Wagners „Tristan und Isolde".[238] Im Mai 1884 verbrachte Storm einige sehr bewegte Tage unter Freunden in Berlin, in denen er sieben Mal im Theater war. An einem Abend hörte er in der Königlichen Oper Wagners „Walküre" mit dem damals berühmten Tenor Albert Niemann in der Rolle des Siegmund, „eine der grandiosesten Bühnenerscheinungen,

---

235 Neue Zeitung für Musik Jg. 33, 1850, S. 109.
236 BW Storm/Ernst Storm, Nr. 57, 03.11.1871.
237 BW Storm/Ernst Storm, Nr. 58, 14.11.1871.
238 BW Storm/Ernst Storm, S. 400, Fn. 6.

die mir vorgekommen sind".[239] Wir sehen damit Theodor Storm auch für die Opern Richard Wagners und die damit vertretene Innovation in der Musik interessiert und aufnahmebereit.

---

[239] BW Storm/Ernst Storm, Nr. 175 vom 03./04.06.1884 mit Fn. 10, S. 409.

Hademarschen und Ausklang

Mit Storms Abschied von Husum scheint auch die Musik in den Hintergrund getreten zu sein, zumindest finden sich in den Akten, Briefen und Quellen nur noch wenige Hinweise auf musikalisch relevante Erlebnisse.

Zum 1. Mai 1880 war Theodor Storm in den lange ersehnten Ruhestand versetzt worden. Mit dem Ruhestand hatte er schon länger die ihn verlockende Vorstellung verbunden, „den Abendrest meines Lebens in grüner Feldstille zwischen Bäumen und Blumen zu verbringen",[240] und er hatte sich von dieser Idee, die ja einen Abschied von der ihm so sehr ans Herz gewachsenen Heimatstadt Husum bedeutete, von warnenden Freunden nicht abbringen lassen.[241] Das letzte von ihm geleitete Chorkonzert in Husum hatte am 18. März 1880, acht Uhr „mit anschließendem Tanzvergnügen" im Hotel Stadt Hamburg stattgefunden. Aus Anlass von Storms Abschied wurde am 24. April eine Festtafel zu seinen Ehren organisiert mit einer Reihe von Ansprachen, bei denen Adolph Möller den Musikanten und Chorgründer hochleben ließ. „Sechs Jahre lang erfreute sich der Verein dieser von Storm geschulten Leitung", so notierte Rohweder in seiner Chronik. Der Chor dankte das seinem langjährigen Leiter Theodor Storm mit einem Abschiedsgeschenk, nämlich einem Notenpult und einem elfenbeinernen Taktstock.[242] Es darf nicht unerwähnt bleiben, dass der Gesangverein noch

---

240 Briefwechsel Storm/Jensen, S. 509.
241 „Er hätte in Husum bleiben sollen für und für" – Brief Petersen an Jensen, zitiert aus Briefwechsel Storm/Petersen, Anm. 1 zu Brief vom 20.08.1884.
242 Sievers, S. 99 f.

heute fortbesteht. Er nennt sich in dankbarerer Erinnerung an seinen Gründer „Theodor Storms Gesangverein von 1843".

Das holsteinische Hademarschen ist etwa 70 km von Husum entfernt und ein schlichtes ländliches Straßendorf mit einer kleinen Dorfkirche; an Hardemarschen schließt sich unmittelbar der kleine Ort Hanerau mit einem Herrensitz und einem Park an. Von irgendeinem kulturellen Aspekt konnte keine Rede sein. Dass Storms Wahl auf dieses Dorf gefallen war, hing damit zusammen, dass dort einer seiner Brüder, Johannes, einen Holzhandel betrieb. Storm hatte in Hademarschen einen großen Bauplatz erworben Er hatte, sorgfältig planend, eine Fülle von Bäumen und Sträuchern anpflanzen und ein einstöckiges geräumiges Wohnhaus errichten lassen. Im Juni 1880 war Richtfest, aber erst im April 1881 die Storms das Haus beziehen. Storm beschrieb begeistert sein neues, in der oberen Etage gelegenes Arbeitszimmer: „oben in der Nordostecke des Hauses mit behaglich gedämpftem Licht, mit der mattresedagrünen Tapete, mit all seinen Büchern und mit dem Ausblick auf Frühlingsferne von weichen Nebeln überdeckt".[243]

Von da an wäre auch das Klavier, das übrigens im Wohnzimmer im Erdgeschoss seinen Platz gefunden hatte, wieder für Storm verfügbar gewesen. Und als Pensionär hätte er jetzt unbegrenzt viel Zeit gehabt, seiner früheren Begeisterung für das Klavierspiel nachzugehen. Aber das hatte offenbar seinen Reiz für ihn eingebüßt. Auch hat er selbst nie wieder das Mindeste über Singen in Hademarschen hören lassen. Vermutlich fiel ihm das Singen nun auch schwerer, da seine Stimme altersbedingt an Kraft verloren hatte. Zwar schreibt Paul Schütze, er habe „ihn noch 1886 mit jugendlich leidenschaftlicher Stimme ein Schumannsches Lied singen hören, dem man mit dem gleichen Entzücken lauschte, wie seinem

---

243 Briefwechsel Storm/Keller, Brief vom 30.04.1881.

Vortrag Eichendorffscher Lieder oder der Scheffelschen ‚Dörpertanzweise' von Heini von Steier."[244] Schütze hatte Storm 1884 mehrfach in Hademarschen besucht und kannte ihn wahrscheinlich auch schon aus Husum. Doch diese Einschätzung ist wohl nicht ganz wahrheitsgetreu, hatte Storm doch bereits im März 1871, damals 54 Jahre alt, das Nachlassen seiner Singstimme vermerkt. „Schade, dass ich selbst meine Tenorpartie des Stephanus nur noch ebenweg-anständig zu leisten vermag – O Jugend, o schöne Rosenzeit!", so klagte er in einem Brief an seinen Sohn Ernst.[245] Storms Singstimme trug aber durchaus bis in sein höheres Alter; Joachim Rohweder, der Storms zweiten Husumer Chor als Sänger und als Vorstandsmitglied angehörte, der mithin aus unmittelbarem Erleben bezeugen konnte, hat niedergelegt, dass „die Stimme und die Vortragsweise des 63jährigen Sängers und Dichters von keiner jüngeren Kraft übertroffen wurde".[246] Im Jahre 1886 jedoch, aber auch zuvor, kränkelte Storm stark und es gibt keine weiteren Hinweise darauf, dass er seinem Gesang doch noch nachging. Seine Maxime „Der Gesang ist mir Lebensodem" – das galt ihm nicht mehr. Stattdessen pflegte er nun des Morgens bis zur Mittagszeit konzentriert schriftstellerisch zu arbeiten und nach der Mittagsruhe und dem Tee daheim oder in der Natur bis in den Abend hinein vorzulesen oder zu lesen. Mindestens einmal im Jahr allerdings veranstaltete er ein Konzert zugunsten der „Warteschule", einer örtlichen Einrichtung zur Betreuung noch nicht schulpflichtiger Kinder von Arbeitern, die außer Hause arbeiteten,[247] man fühlt sich

---

244 Schütze, S. 98.
245 An Ernst Storm am 7./8.3.1871, S. 88.
246 Rohweder, a. a. O., S. 3.
247 Vgl. Festschrift 100 Jahre Sparkasse Hanerau-Hademarschen, S. 18.

dabei an die Benefizkonzerte von Storms erstem Husumer Chor erinnert. Die erste Veranstaltung fand am 02. Dezember 1881 in Thiessens großer Diele und in den angrenzenden Räumen, also in privatem Umfeld, statt. Es war gedrängt voll. Ein Klavier stand auf einem Podium. Lucie Hademarschen und Elsabe spielten vor zahlreichem Publikum vierhändig Schumanns „Bilder aus Osten" vor und eine Dorfliedertafel sang ein Quartett. Der örtliche Pastor Treplin las eine Szene aus „Julius Cäsar" von Shakespeare. Storm, der darüber an die Familie Scherff berichtete, erwähnte auch, „er habe sich herabgelassen", auf dieser Veranstaltung „Schön Hedwig", eine von Robert Schumann vertonte[248] Ballade von Hebbel für Deklamation und Pianoforte, zu sprechen. Dass er sich für eine Deklamation, also einen gesprochenen Vortrag mit musikalischer Untermalung entschied, ist auch ein Anzeichen dafür, dass Storms vielbeachtete Tenorstimme schon 1881 nicht mehr recht trug.[249]. Außerdem sprach er das Melodram „Schelm zu Bergen" von Heinrich Heine und ließ dem noch „De Gast" von Friedrich Eggers (in plattdeutsch, angeblich sein Lieblingsgedicht) und „Wald von Gainfarn" von Ludwig August Frankl folgen. „Es war lautlos im Saal, als Vater mit seiner schönen Stimme anfing",[250] notierte seine Tochter Friederike dazu. Auch bei einer weiteren solchen Veranstaltung trug Storm eine Hebbel-Ballade, „Ballade vom Heideknaben" vor, wiederum in der Vertonung von Robert Schumann für De-

---

248 Robert Schumann, op. 1.
249 Anzumerken ist allerdings, dass Storm sowohl den „Heideknaben" wie auch „Schön Hedwig" im Rahmen von Konzerten seines Husumer Chores am 22.01.1869 bzw. 22.01.1871 mit Möller am Klavier einmal bereits deklamiert hatte, auch als er jedenfalls noch in voller Stimmkraft war.
250 Friederike Storm in „Erinnerungen einer Tochter an ihren Vater".

klamation und Pianoforte.[251] Beides sind ziemlich anspruchslose Gedichte, die Storm wohl nur der neuen gesangfreien Vortragsart und der von ihm so geliebten Schumannschen Begleitmusik wegen wählte. Möglicherweise fehlte dem gealterten und geschwächten Storm mittlerweile auch die zum Singen nötige Luft; dabei lautete doch einer seiner Devisen: „Auch beim Gesang habe ich immer gesagt: ‚Es muss so sein, als sei noch eine Tonne Tons dahinter'. Es wird wohl bei jeder Kunst zutreffen".[252] Die Schwächung seiner Singstimme beeinträchtigte Storms Leidenschaft für die Musik. Zwar äußerte er sich gelegentlich noch zu musikalischen Belangen, doch ging es dabei nicht mehr um seine eigenen Projekte.

Am 05. Januar 1882 trat Storm mit seiner Frau die alljährliche Fahrt nach Husum an. Sein Husumer Chor hatte bereits eine Aufführung einer neuen Vertonung seiner „Schneewittchen-Szene" für Frauenchor durch Hermann Erler[253] in Berlin angekündigt.[254] Am 01. März 1882 kam Elisabeth Tönnies, eine Schwester von Storms jungem Freund Ferdinand Tönnies, aus Husum zu Besuch. Sie war eine talentierte Sängerin. Storm beabsichtige, sie bei dem bevorstehenden zweiten Konzert einzusetzen. Neben dieser Begebenheit gibt es nur noch wenige Hinweise auf Musik in Storms späten Jahren. Zu Weihnachten 1885 etwa schrieb Storm an den Schriftsteller Heinrich Seidel: „Die schönste vollendetste Tanne, zwölf Fuß hoch, steht unten im großen

---

251 Robert Schumann, op. 122, Nr. 1.
252 An Erich Schmidt am 17. 10. 1885; bei Goldammer II, S. 337
253 Hermann Erler (1844–1918) war ein Komponist, Autor und Verleger, der in Berlin einen Musikverlag leitete. Eine frühere Vertonung der „Schneewittchen-Szene" durch Hermann Goetz hatte Storm verworfen.
254 Brief an Gottfried Keller vom 03.01,1882 bei Goldammer, Briefe, Bd. 2 S. 234

Zimmer und wird heut Nachmittag geschmückt; morgen in der Dorfkirche 4 Uhr Nachmittag dirigier ich einen kleinen Frauenchor ‚Die Nacht vergeht, der Tag bricht an' und ‚Tochter Zion, freue dich!' Dann nach Hause, und die Bescherung nimmt ihren Lauf". Darüber hinaus ist noch erwähnenswert, dass Storm im Mai 1886 seine 23-jährige Tochter Elsabe nach Weimar brachte, weil sie dort auf dem Konservatorium im Klavierspiel und in Harmonielehre fortgebildet werden sollte; er hatte zuvor über den damals in Weimar als Direktor des neueröffneten Goethe-Archivs tätigen Freund Erich Schmidt sorgsam erkundet, dass seine Tochter auch gesellschaftlich förderlich untergebracht sein würde.[255] Storm wurde in Weimar und anschließend auch bei kurzen Aufenthalten in Gotha, Erfurt, Kassel und Heiligenstadt bei Hofe und in vielen guten Häusern so ehrenvoll behandelt, dass er seinem Freund Wilhelm Petersen spürbar stolz berichten konnte, „dass man mit der Aufnahme des schleswig-holsteinischen Poeten zufrieden sein könne."[256] Er konnte später auch mit seiner Tochter Elsabe zufrieden sein, die Anfang 1888 mit Händel und einer schweren Etüde die Abschlussprüfung gut meisterte.[257] „Eine Nachtigall habe ich im Hause; Dodos Gesang erhebt sich allgemach dazu",[258] schrieb er beispielsweise an Paul Heyse, und Erich Schmidt berichtete er: „Neulich hatten wir hier ein allerliebstes Konzert für die Warteschule in einem großen Saal; von acht jungen Damen war Frl. Elisabeth Tönnies die Meistersängerin; aber sie kann auch. [...] Dodo sang im Konzert ganz fix eine Solopartie. Karl, der

---

255 An Margarethe Mörike am 16.03.1886 bei Goldammer II, S. 350
256 An Wilhelm Petersen am 08.06.1886 bei Goldammer II, S. 359
257 Storm an Emilie von Reventlow, Goldammer II S. 386
258 An Paul Heyse 17.05.1884

zu Besuch ist, gibt Dodo und Gertrud jeden Morgen eine Gesangsstunde."[259]

Die Korrespondenz mit dem deutlich jüngeren Germanistik-Professor Erich Schmidt veranschaulicht Storms letzte Jahre in Hademarschen. Einerseits alterte Storm deutlich. Er klagte über „große Müdigkeit"[260] und litt „seit vielen Monaten an bösem Magendruck"[261], an „ich weiß nicht ob an vorübergehender Schwäche" und hatte „auch wohl mit dem alten Herzen zu kämpfen".[262] Trotz dieser quälenden Vorboten der Magenkrebserkrankung waren Storms letzte Lebensjahre dichterisch enorm produktiv, denn in Hademarschen entstanden in geregelter vormittäglicher Arbeit und in ruhiger Abfolge noch die Novellen „Hans und Heinz Kirch" (1880), „Die Söhne des Senators" (1880) „Chronik von Grieshuus" (1881) „Der Herr Etatsrat" (1881), „Schweigen" (1883), „Es waren zwei Königskinder" (1885), „John Riew" (1885), „Ein Fest auf Haderslevhuus" (1885), „Bötjer Baasch" (1886), „Ein Doppelgänger" (1887) und „Ein Bekenntnis" (1887) sowie zwei Fragmente, betitelt „Sylter Novelle" (1887) und „Armesünderglocke" (1888). Fast ganz zuletzt und der fortgeschrittenen Krebserkrankung regelrecht abgerungen, vollbrachte Theodor Storm aber auch noch die Novelle „Der Schimmelreiter" – sein berühmtestes Werk, mit dem er seiner nordischen Heimat mit ihrer Rauheit und Wucht, ihren Verstrickungen und Geheimnissen ein Denkmal setzte. Der Briefwechsel mit Erich Schmidt zeigt andererseits auch, wie intensiv Storms Lesegewohnheiten noch waren und wie er Gelesenes – wenn auch mit dem etwas gönnerhaften

---

259 An Erich Schmidt am 13.07.1884, bei Goldammer, II, S. 297.
260 Brief an Schmidt vom 26.01.1884, Nr. 108.
261 An Schmidt 28.11.1884, Nr. 117.
262 An Schmidt 11.07.1885, Nr. 122.

Gestus des arrivierten und erfolgreichen Dichters, für den er sich hielt – klar, schnell und treffend zu beurteilen vermochte. Schließlich lässt diese Korrespondenz erkennen, dass im Hause Storm ständig Gäste aus- und eingingen. Der betagte Dichter lud nicht nur seine Kinder, sondern auch seine literarischen Weggefährten geradezu drängend zu sich ein. Er verbrachte sogar noch einen kurzen Erholungsurlaub auf der Insel Sylt und brachte von dort Skizzen und Ideen zu einer „Sylter Novelle" mit. Daneben aber beendete er den „Schimmelreiter"; die Novelle erschien 1888 im April- und Mai-Heft der *Deutschen Rundschau*. Theodor Storm hatte noch die Genugtuung, dass die Kollegen, deren Urteil ihm etwas galt, ihn zu diesem letzten Werk beglückwünschten. Am 4. Juli 1888 starb er. In „Theodor Storms Gesangverein von 1843" aber lebt sein musikalisches Wirken in Husum bis heute fort. „Wohl ruht Theodor Storm seit dem 7. Juli vorigen Jahres auf unserem stillen Klosterfriedhof; aber das, was er geschaffen, ist nicht mit ihm verklungen – fortleben und forttönen wird, was er unserem Volk gesagt und gesungen hat seit fast einem Jahrhundert",[263] so lautet der treffliche Nachruf von Joachim Rohweder in der Einleitung seiner „Chronik des Singvereins".

Mit Theodor Storm war ein in so vielen Richtungen schöpferisch sich versprühender und gerade auch auf dem Gebiet der Musik mit leidenschaftlicher Hingabe tätiger Geist abgetreten.

---

263 Rohweder, a. a. O.

Literaturverzeichnis

Von Arnim, Bettine, Lieder für Singstimme und Klavier, mit Begleittext herausgegeben von Renate Möhring (zit. Möhring).

Biernatzki, Karl Leonhard (Herausgeber), „Volksbuch für die Herzogtümer Schleswig, Holstein und Lauenburg".

Dobel, Richard, „Theodor Storm als Sänger", in: Zeitschrift für Musik 105. 1938, S. 282 f.

Erdmann-Degenhardt, „Weihnachten bei Theodor Storm", Husum 2008.

Fath, Rolf, Reclams Opernführer, 38. erweiterte Auflage, 2007.

Fey, Hermann, „Theodor Storm und sein Landsmann Carl Reinecke", in: Schriften der Theodor-Storm-Gesellschaft Nr. 5, S. 43 ff. (zit. Fey 1).

Fey, Hermann, „Theodor Storm als Komponist", in: Schriften der Theodor-Storm- Gesellschaft Nr. 6 S. 38 ff. (zit. Fey 2).

Fontane, Theodor, „Von Zwanzig bis Dreißig", insel taschenbuch 985, 1. Aufl.

Geck, Martin „Robert Schumann, Mensch und Musiker der Romantik", Siedler Verlag, 1. Auflage, 2010.

Goldammer, Peter, Theodor Storm. Eine Einführung in Leben und Werk, Reclam-Verlag Leipzig, 1990.

Goldammer, Peter, Theodor Storm, Briefe I und II, Aufbau Verlag, 1984 (zit. Goldammer I bzw. II).

Jensen, Wilhelm, Heimaterinnerungen. II. Theodor Storm. Velhagen und Klasings Monatshefte 1899–1900. Jahrgang 14.

Laage, Karl Ernst: Storm und die Musik, in: Theodor Storm. Eine Biographie. Heide 1999, S. 37–47.

Laage, Karl Ernst (Hg.), *Theodor Storms Welt in Bildern, Heide 1987 (Bildbibliographie).*

Langner, Martin-M., Brahms und seine schleswig-holsteinischen Dichter, Verlag Boyens & Co.,1990.

Missfeldt, Jochen: Theodor Storm und die Sängerbewegung in Schleswig-Holstein, in: Schriften der Theodor-Storm-Gesellschaft 62 (2013), S. 7–16.

Mückenberger, Heiner, „Theodor Storm – Dichter und Richter", Eine rechtsgeschichtliche Lebensbeschreibung, Nomos 2001.

Ders., „Theodor Storm – ein Hypochonder?" in: Storm-Blätter aus Heiligenstadt, 10. Jahrgang, 2004, S. 30–51.

Pietsch, Ludwig, „Wie ich Schriftsteller geworden bin", 2. vermehrte und verbesserte Aufl., F. Fontane & Ch., Berlin 1898.

Previsic, Boris, „Storm und die Musik", in: Storm Handbuch, J.B. Metzler 2017, Abteilung II S. 39–45.

Rohweder, Joachim, Chronik des „Singvereins", handschriftlich abgefasst 1889, in Maschinenschrift übertragen im Protokollbuch des Theodor Storm Gesangvereins 1889–1935, Archiv der Theodor-Storm-Gesellschaft in Husum (zit. Rohweder).

Schütze, Dr. Paul, „Theodor Storm. Sein Leben und seine Dichtung", Verlag Gebrüder Paetel, Berlin 1907.

Sievers, Hans Jürgen, „Zur Geschichte von Theodor Storms ‚Singverein', eine Chronik", in: Schriften der Theodor-Storm-Gesellschaft, Schrift 5, S. 89 ff.

Storm, Gertrud, „Theodor Storm, Ein Bildnis seines Lebens", Georg Olms Verlag 1991 (2 Bände in einem, zit. Gertrud Storm I bzw. II).

Storm, Gertrud, „Theodor Storm's Briefe in die Heimat", Verlag von Carl Curtius, Berlin 1907 (zit. Briefe in die Heimat).

Stuhr, Max, „Theodor Storm in Hademarschen und Hanerau", zweite überarbeitete und erweiterte Aufl., Boyens & Co., Heide, 1994.

Theodor Storm – Constanze Esmarch, Briefwechsel, 2 Bde., Kritische Ausgabe, *Hg. von Regina Fasold*, Erich Schmidt Verlag, Berlin 2002 (zit. St./Constanze Storm I bzw. II).

Theodor Storm – Constanze Storm, Briefwechsel, Kritische Ausgabe, *Hg. von Regina Fasold*, Erich Schmidt Verlag, Berlin 2009 (zit. St./Constanze Storm).

Theodor Storm – Ernst Esmarch, Briefwechsel, Kritische Ausgabe, *Hg. von Arthur Tilo Alt*, Erich Schmidt Verlag, Berlin 1979 (zit. St./Esmarch).

Theodor Storm – Ernst Storm, Briefwechsel, Kritische Ausgabe, *Hg. von David A. Jackson*, Erich Schmidt Verlag 2007 (zit. St./Ernst Storm).

Theodor Storm – Klaus Groth, Briefwechsel, *Hg. von Boy Hinrichs*, Berlin 1990 (zit. St./Groth).

Theodor Storm – Erich Schmidt, Briefwechsel, *Hg. von Karl Ernst Laage*, 2 Bde., Berlin 1972/1976 (zit. St./Erich Schmidt Bd. I bzw. II).

Theodor Storm – Hartmuth und Laura Brinkmann, Briefwechsel, *Hg. von August Stahl*, Berlin 1986 (zit. St./Brinkmann*)*.

Theodor Storm und sein Chor, Eine Chronik, 1. Aufl. 1993 (zit. *Laage*, Chronik; *Eversberg*, Chronik; *von Hielmcrone*, Chronik; oder *Linkvogel*, Chronik).

Tanaka, Hiroyuki, „Das Musikalische in der Dichtung Theodor Storms" in: Storm-Blätter aus Heiligenstadt 1995, S. 58 ff.

Tebben, Karin: Musik und Tanz im Werk Theodor Storms, in: Literaturwissenschaften und Linguistik 141 (2006), S. 52–81.

Todd, Larry, „Felix Mendelssohn-Bartholdy, Sein Leben, seine Musik", Carus-Verlag Stuttgart, 2. Aufl., 2010.

Tönnies, Ferdinand, Theodor Storm. Zum 14. September 1917. Gedenkblätter. Curtius Verlag 1917.

Tschierpe, Rudolph, Kleines Musiklexikon, vierte Aufl., 1951.

Vinçon, Hartmut, Theodor Storm mit Selbstzeugnissen und Bilddokumenten dargestellt, Rowohlt, 14. Auflage 1997.

Wendt, Robert, „Die Musik in Theodor Storms Leben", phil. Dissertation, Greifswald 1914.

Witt, Bertha, „Theodor Storm und die Musik", in: Neue Zeitschrift für Musik 84.1917, S. 282/283.

Zimorski, Walter: Neuentdeckte Musikalien der Storm-Familie. Ein Forschungsbericht. In: Schriften der Theodor-Storm-Gesellschaft 46 (1997), S. 95–98.

www.ingramcontent.com/pod-product-compliance
Lightning Source LLC
Chambersburg PA
CBHW061943220426
43662CB00012B/2006